アレクサンドル=イヴァノヴィチ=
オパーリン

オパーリン

・人と思想

江上　生子　著

183

CenturyBooks　清水書院

プロローグ

　トルストイやドストエフスキーの一九世紀ロシア文学、シャガールやカンジンスキーの絵画、チャイコフスキーやリムスキー・コルサコフの音楽、そうしたロシアの文学や芸術、レーニンやスターリンの名と結びついているソ連の政治体制、宇宙飛行士ガガーリンやテレシコワ、あるいは、サモワールやマトリョーシカという日用品や民芸品、ボルシチやピロシキなどの食品……ロシア、ソ連といって思い浮かべるものは様々である。この『オパーリン』は、そうしたロシアやソ連の文学や芸術、科学や技術、政治や人々の生活という森の中に、オパーリンという木を見つけようという試みである。どんなところに生えた木で、何を吸収し、どんな姿をし、何を生み出したのか?

　今日、ロシアでオパーリンの伝記はない訳ではないが、それは本書執筆のために役立ちそうなものではない。また、ロシアで今後、信頼に足るオパーリン伝が出版されたとしても、日本の読者を対象とした本書を書く方法は、ロシアでのものとは異なってもよいと思う。

　オパーリンはロシアの旧い街ウグリチに生まれた――と聞いても、ウグリチがどこにあって、どんな街なのか、実感をもって思い描くことはできない。ヴォルガ河の上流に寄り沿った、ロシア正教の教会の美しい街ウグリチは、一六世紀末、イヴァン雷帝の末子ドミトリーとその母らが幽閉さ

ウグリチの景観　ヴォルガ河畔にある教会の美しい旧い街。1900年代

れた地、教会にはドミトリーが祭られている。プーシキンの史劇をもとにしたムソルグスキーのオペラ「ボリス＝ゴドゥノフ」に描かれている。ヴォルガの水は丘陵、平原を走り走って南下し、カスピ海に注ぐ。教会の鐘の音は風を渡って空に拡がる。

一九八九年夏に一度だけ、ウグリチを訪ねたとはいえ、その風景をどこまで伝えることができるであろうか。オパーリンの父母、姉兄の墓はモスクワにある。オパーリンとその二度目の妻の墓とともにカメラに収めた。しかし、その人たちの生きた日々をどうしたら知ることができるのか。全く覚つかない現在である。

ロシア、ソ連という森にわけ入ろう。時に、別の大木に気が散り、下草に足をとられるかもしれないとしても、可能に思えるのはその方法である。夏、きのこを採りに入ったロシアの森は、径らしい径もなく、同じような大きさの針葉樹がまばらに生える迷路のような空間であった。オパーリンという木を見つけるこれからの路も、不案内ではある。しかし、オパーリンの声も聞こえる。「ここにいるよ」というかのように。

その声は一九五七年版の邦訳『地球上の生命の起原』（石本真訳、

一九五八）日本語版への序言の中にも聞こえる。

わたくしは、二回にわたる日本訪問（一九五五、一九五七年）で、この美しい国を広く知り、日本の科学者、とくに生物学者と生化学者とよく知りあう機会をもつことができた。

わたくしは、日本の科学者が行っているすぐれた研究に深い尊敬の念を覚えた。そして、もしわたくしの労作が、日本の科学者、学生、そして一般に生命の起原に興味をもっているすべての方々に対していくらかでも役に立つことがあれば、大きな幸である。

この声を頼りに、まず一歩を踏み出してみようと思う。それから徐々にロシア・ソ連の森にわけ入ることにしよう。

目次

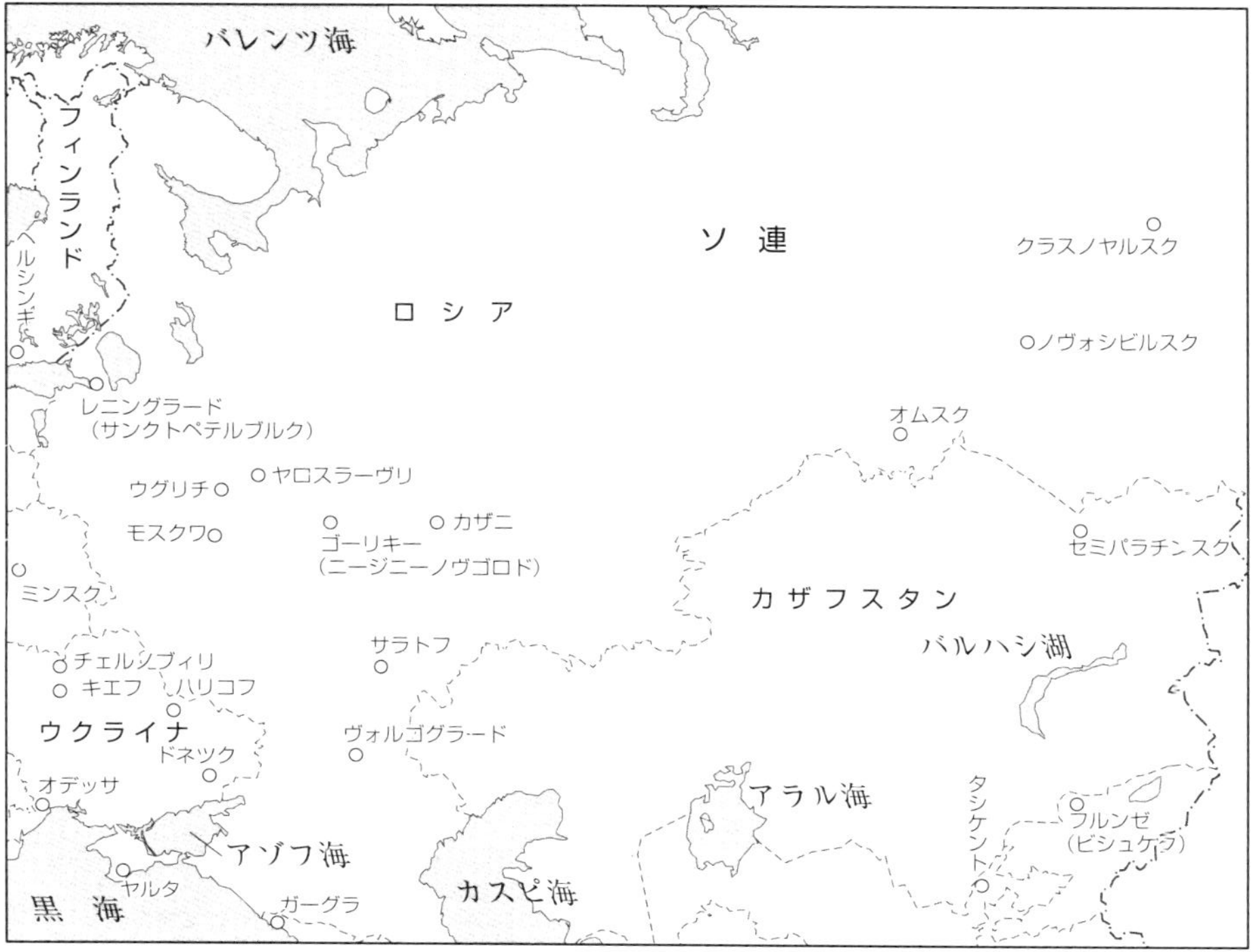

オパーリン関連地図（ソ連時代　1990年）

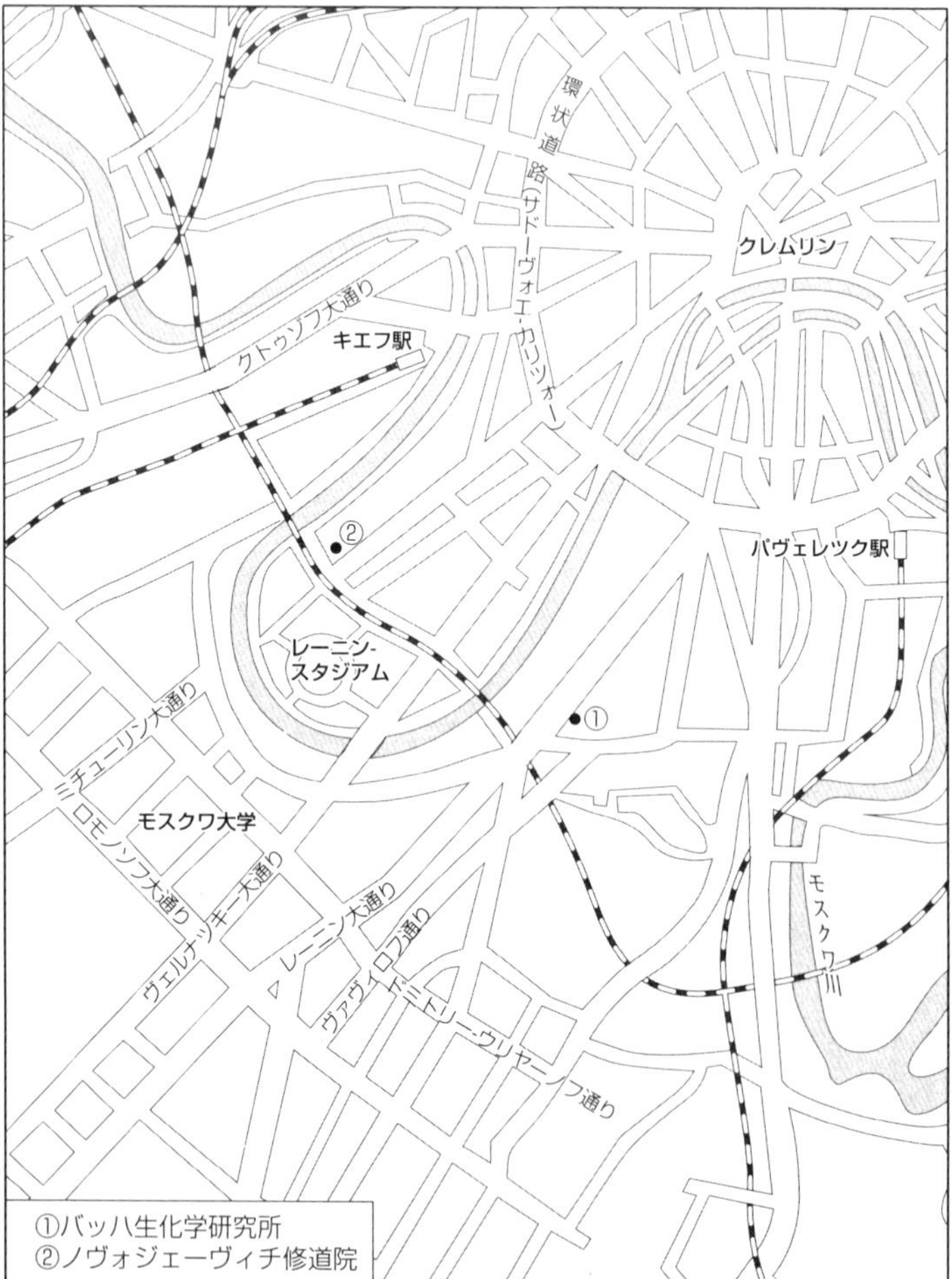

モスクワ市街図　1960年代

I　オパーリンの訪日

陰気で寒い数週間のあとにふいと訪れた五月晴れの日だった……　花壇に咲いた水仙の花……

——エレンブルク『雪どけ』より

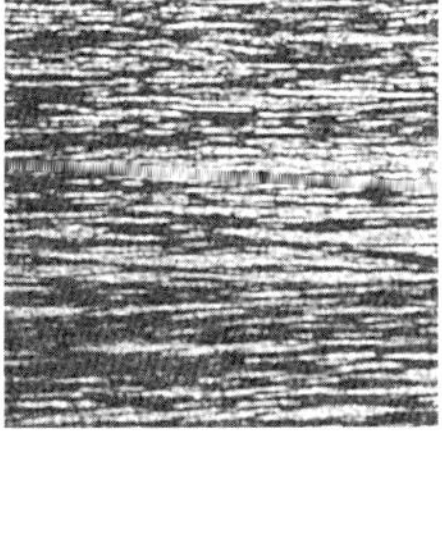

モスクワの春は五月であるが、オパーリンの最初の訪日は、この『雪どけ』が書かれた当時の一〇月末。モスクワはもう冬の気候であったが、到着した東京は、快い菊の季節であった。はじめての日本の秋を、オパーリンは東京、名古屋、京都、大阪で堪能することになる。

訪日はブルガーニン、フルシチョフの時代であった。オパーリンと同じ年に生を受け、政治のトップに昇りつめたフルシチョフと、オパーリンは同じ時代を生きた。

緊張緩和の息吹――一九五五年

ル・コルビュジエとオパーリン　「生命の起原」という魅力的ではあるけれども簡単には手が届かないような問題、それに取り組む道筋を示した理論をはじめて提出した人物、その物語をどこから始めたらよいだろうか。本書の読者の中には二〇世紀の終わりに生まれた人も少なくないであろうが、この主人公はその一〇〇年前、一九世紀末一八九四年の生まれである。そして二〇世紀の半ば頃、はじめて日本を訪れた。ロシアの森にわけ入る第一歩として、その来日の記録から始めよう。

新聞というメディアが、その時どきの世の雰囲気を報じ、記録に残すものであるとすれば、一九五五（昭和三〇）年一一月はじめの焦点の人物は、フランスの建築家ル・コルビュジエ（一八八七

〜一九六五）と、本書の主人公オパーリンで、来日歓迎の熱気を今に伝えている。一一月七日月曜日の朝日新聞、読書欄では大きく「オパーリンとコルビュジェ、二人を知るために」の見出しが掲げられている。さらに「戦時中にも出版『生命の起原』読〔み〕易い53年版」「建築理論の集大成『マルセイユの住居単位』」となっている。長くなるが少し記事を引用すれば、後者について「この書は今日本に来ているル・コルビュジェの近著の一つ。マルセイユの建築単位（アパート）について、彼の考え方、報告をまとめたものだ」とし、「この書で示した考え方は、混乱した都市のなかで、非人間的な生活をおくっている多くの人たちに、生活と住居をめぐる考えの一つの糸口を与えてくれるだろう」と、戦後一〇年を経て、ようやく衣食住の住の部分についても、改めて考え、また、都市をどう再建するかということについての紹介者の気分をにおわせている。因みに、その新聞の同じ紙面の下の広告欄には、薬品などと並んで電気洗濯機の広告があって、「僅か5分で……お洗濯が出来ます」と謳われているが、当時の金額で二五、五〇〇円となっている。

超満員の講演会

「ソ連の生化学者Ａ・Ｉ・オパーリン博士は、いま学会その他で精力的な講演や討論をつづけているが、講演会はいつも超満員」と、始まるもう一方のオパーリンについての記事は、「ソ連の科学者という珍しさもあるが、なんといってもその人気は『生命の起原』のオパーリン、という一点にある。ダーウィンの『種の起原』に対比されるこの『生命の起原』とはどんなものか。博士の書物をいくつか紹介しよう」と続く。

一一月二日に来日したコルビュジエについての別の記事（一三日付）には「フランス政府から返還される旧松方コレクション陳列のための『西洋美術館』設計が来日の目的だが、世界各地で名声を呼んでいる〝コルビュジェ風〟建築に直接触れる初の機会として、同氏の来日はわが国建築界の注目の的になっている」と、羽田空港での写真を掲げている。オパーリンについての記事も見つかる。囲みで、「オパーリン博士講演会　朝日新聞社主催、入場無料」として四日夕方の催しを知らせ（二日付）、一一月三日、東大で開催された学術講演の内容については「オパーリン博士の講演から、初めは炭素化合物　三段階を経て生物に」（四日付）と二行見出し九段を費やす大きな紙面で解説を組んでいる。二日付で広告した一般講演会の模様は、「女子学院でのオパーリン博士の講演」「〝近く生命の合成へ〟　昨夜　オパーリン博士講演会」（五日付）というセンセーショナルな見出し。どの記事も写真で飾られ、大きな扱いである。

オパーリンと「生命の起原」の話題は、新聞ばかりでなく、ラジオでも取り上げられた。座談会「オパーリン博士と子供達」（一一月九日ラジオ東京、夕方五時四五分）、「生命の起原　オパーリン」（一二、一九日の二回連続でNHK第二、朝七時三〇分）という具合である。著名人の来日が珍しかった時代のことでもあり、また、コルビュジエ、オパーリンの来日が、たまたま「文化の日」の近くであったために、大きく報道されたのかもしれない。

しかし当時、人々が、文化的なものに対して貪欲であったことも確かである。重ねて講演会の記事を引用すれば、「博士自身が語る〝生命の起原〟を聴こうとつめかけた聴衆は約二千人。会場に入りきれず図書館や廊下のスピーカーまでも利用する大盛況だった。」

この時、オパーリンは六〇歳を越えていたが、いくつもの講演をこなし、東京のほか、名古屋、京都、大阪や近郊の大学や研究機関を訪れ、農場や食品工場を精力的に視察した。一例を挙げれば、醤油で有名な野田の民間の研究機関でも大歓迎を受けた様子が記録されているが、オパーリン自身が帰国後記した報告書には、訪れた日本の科学技術の水準の高さが感嘆をもって綴られている。日本の大衆はオパーリンを大歓迎しコアセルヴェートの滴から生命へのイメージに魅了されたが、オパーリン自身も日本滞在と視察の成果に満足したのであった。

ロシア・ソ連の映画と音楽　オパーリン来日は戦後一〇年を経てのことであったが、その数年前、「石の花」（一九四六）というウラル地方の民話をもとにした子供向けの映画や、ロシアやソ連の歌謡をふんだんに盛り込んだ「シベリア物語」（一九四七）が日本で公開された。当時としては珍しいカラー作品であった。文学では、プーシキン、レールモントフ、トルストイ、ドストエフスキー等々といったロシアの作家の作品は昔から日本にも多くのファンを持っていたし、チャイコフスキーはじめリムスキー‐コルサコフやボロディンの音楽も親しまれていた。さらに、バス歌手シャリャーピンはポピュラーであった。スタニスラフスキーの演劇論、エイゼンシュテインの映画の「モンタージュ論」もよく知られていた。「近くて遠い国」などという言葉もあるが、少なくとも文化の受容という点で、日本は、ロシア、ソ連を「遠い」と感じてはいなかったように思われる。そして、オパーリンが一九三六年に著した『生命の起原』（原題は『地球上の生命の発生』）も、すでに一九四一年に、アメリカで出た英訳版（三八）からの重訳としてではあるが、邦訳出版されていた。

しかし、受容したものすべてが、日本の文化を豊かにした訳ではなかった。一九三〇年代から戦後の日本の農業技術の分野、生物学界、もっと広く思想界におけるソ連の受容の問題について、思い出すのは、いわゆる「ルィセンコ問題」で、またそれは、オパーリンとも無関係ではない。

ルィセンコ問題

農業の生産は品種の改良と深く結びつき、農業技術の向上の一分野として、土壌や肥料、農薬の研究などと並んで、遺伝学的研究は不可欠である。遺伝現象についてはよく知られているように、メンデルによって一九世紀半ばすぎにエンドウマメを使って行った実験から基本的な法則が発見され、さらに二〇世紀になってモーガン学派によってショウジョウバエを材料とした実験から、遺伝法則は染色体と結びつけられた。そうして一九三〇年代までに大筋は明らかにされ、遺伝子説として確立されていた。ところがその遺伝学に、ソ連の農業技術者ルィセンコ（一八九八〜一九七六）が異議を唱え、小麦の播性は温度処理によって遺伝的に変化する、と主張したのである。それは単なる主張にとどまらず、果樹の育種家として著名であったミチューリン（一八五五〜一九三五）を持ちあげ、メンデル、モーガンの遺伝学を攻撃するようになり、さらに、権力を握って、ソ連国内の遺伝学者を学界から追放した。これが「ルィセンコ問題」

である。ルィセンコの「学説」は第二次大戦後の日本に大々的に紹介され、多くの共鳴者を生んだが、「日本におけるミチューリン＝ルィセンコ学説は、一九五四年を絶頂にして急速に影響力を失っていき、五七年以後は、科学雑誌もほとんどこれをとりあげることがなくなる」（中村禎里『ルィセンコ論争』）という。オパーリンの来日は、ちょうど、このルィセンコ人気が下降傾向をとり始めたまさその時期に当たっていた。オパーリンを喜び迎えた大衆の中には、オパーリンの生命起原説こそ、ソ連科学の勝利という期待もあったに違いない。二年前にスターリンは没していたが、社会主義国ソ連は大国でもあった。ダークダックスの唱うロシア民謡が流れ、歌声喫茶が繁盛するのは、それから少しのちのことである。

エレンブルクの『雪どけ』　二〇世紀後半の世界で、東西関係の緊張緩和を意味することばとして「雪どけ」があった。一九八九年一一月、ベルリンの壁が破れ、一九九一年クリスマスの頃、ソ連が崩壊したのち、このことばは歴史上ほんの一時、使われたことばとしてやがて忘れ去られるのかもしれない。しかし、一九五五年、オパーリンの訪日を記すこの章には、一九五五年当時のソ連社会の一側面を表すことばとして、記憶にとどめておきたい。

イリア＝エレンブルク（一八九一～一九六七）の中篇小説『雪どけ』の第一部がソ連の雑誌に発表されたのは、オパーリン訪日の一年前であった。この小説自体は、とりたてて注目すべき作品とは思われない。ソ連社会に生きる市井の人々、技術者や教師、女医や若い画家などの家族や人間模様を描いたものである。しかし、そこには、ソ連共産党の党員で官僚的な工場長への批判や、ユダヤ系の医師団がソ連軍幹部や共産党の要人の暗殺を計画しているという、のちにでっちあげと判明した「医師団事件」を巡る人々の反応、三〇年代の大粛清のおとした暗い影などが書き込まれていた。

作品は、五四年末のソ連作家大会で、現実を不適切に示しているものとして公式には批判されたが、作者には作品を支持し弁護する市民からの手紙が数多く寄せられたという。作品に登場する人々に込められたソ連社会の「雪どけ」ということばは、作者の希望から離れてソ連の緩和政策を示す西側のことばとして頻繁に使われたのであった。

スターリンの死

医師団による陰謀計画が発覚し、著名な医学者グループが投獄されたとタス通信が発表したのは五三年一月一三日であったが、二か月足らずののち、スターリンが死去し、この捏造事件が大量検挙につながることはなく、被告は釈放され、名誉回復された。エレンブルクが書いたのは、まさにこの、スターリンの死の直後のソ連社会の自由への息吹を感じさせるものであった。

オパーリンがこの小説に姿を見せることはないが、ほんの二、三行「バスの中でルィセンコと逢ったときは、……」とちらりと集団農場《コルホーズ》の話題の中にルィセンコが登場することも時代を感じさせる（ルィセンコに関しては改めて第Ⅳ章ほかで扱う）。

フルシチョフの時代

どんな時代に

オパーリンの本格的な伝記が出版されていないことはすでに述べたが、オパーリン自身が書いた回想記や自伝も、書物の形で出版されたものはない。ラジオ放送の原稿や雑誌発表の「科学におけるわが道」も、極く短いものである。オパーリンが、どんな幼少期をすごしたのか、少年期、青年期はどのような時代であったのか、直接、オパーリンのことばからそれを知ることはできないし、その他、拠りどころとするのに適切な資料もない。

オパーリンはアレクサンドル三世の末期に生を享け、帝政の最後ニコライ二世の時代に幼少期、青年期をすごした。革命後のレーニンの時代に、のちに大きく展開することになる「生命の起原」のアイディアを育み、スターリンの時代に生化学者として活動し、著作を発表した。はじめて来日したのはフルシチョフによるスターリン批判の始まる数か月前であったが、生命の起原学者としての世界的な活動はフルシチョフの時代であった。そして、のちに停滞期と称されるようになったブレジネフ（一九〇六〜八二）の時代に晩年を送った。

ニコライ二世の日記から　オパーリンが生まれたのは、ロシア皇帝の代がわりの八か月前であった。オパーリン誕生の頃、皇太子は結婚を控えていた。

ニコライが自ら結婚相手と考えていたのは、ヘッセン・ダルムシュタットの公女で……アリックスという女性であった。

> いろんな曲折のあと、ニコライがアリックスの改宗（プロテスタントからロシア正教へ）を説得し、二人の婚約が正式に決まったのは翌年――一八九四年の四月である。……一八九四年は、年頭から父帝アレクサンドル三世が健康を害して病床につき、腎臓病が悪化し一一月一日に逝去、ただちにニコライが二六歳の若さで即位……（保田孝一『最後のロシア皇帝ニコライ二世の日記増補』）

オパーリンが一〇歳の誕生日を迎える頃、ロシアと日本は開戦した。日露戦争である。モスクワの革命資料館でその日記を筆写して発表された資料によって、当時のニコライ二世（在位一八九四～一九一七）の思いを繙《ひもと》いてみよう。

> 二月六日、厳寒がひどくなり始め、零下一三度まで下がった。昼食後にアリックスと二人で水彩画展に出かけた。……晩に、「交渉を断念し、公使を引き揚げる」という日本政府からの通告を

受けとった。

二月八日　午前、日本問題に関する会議を……開き、ロシア側から攻撃を仕掛けないという決定を下した。……

午後八時に劇場に行き［オペラ］「ルサルカ［水の精］」を見て、非常に気に入った。帰館してから、この日の夜、日本の水雷艇が旅順港外に投錨中の軍艦……に攻撃を加え、損害を与えたという……電報を受けとった。これは宣戦の布告なしで行われたのである。神よわれわれを助け給え（前掲書）。

第一次世界大戦が始まったのは、オパーリンが二〇歳になって間もなくであった。再びニコライ二世の日記を参照しよう。

18歳のオパーリン

八月二日　精神の高まりという意味で、とくにすばらしい日だった。午前一一時、マリア、アナスタシアと朝の祈りに出かけた。……午後二時一五分……ペテルブルクに出発し、ボートで冬宮に直行し、（ドイツへの）宣戦布告文に署名した。……（前掲書）

この時オパーリンはモスクワ大学の学生であったが、三年後、労働者が冬宮を占領した十月革命の時は、大学を卒業していた。

フルシチョフの回想

ほとんど同じ頃生まれて科学者ではなく政治家となった人物、オパーリンと違って商家ではなく鉱山労働者の家庭で育ち、第一書記、ソ連首相となったのは、ニキータ＝セルゲーヴィチ＝フルシチョフ（一八九四〜一九七二）である。彼の晩年の回想録は、口述のテープに基づいて出版されたもので、その第一章「生い立ち」は非常に簡素な記録であるが、オパーリンの生きた時代を示すものとして興味が持たれる。「私の世代が生きてきたのはおもしろい時代だった」と、フルシチョフは語り始める。

革命があり、資本主義から社会主義への移行があり、大祖国戦争があり、社会主義の発展と強化があった。それらがまとまって一つの時代をつくり出している。この時代の流れのすべてに参加したことは、私の巡り合わせである。……

私は幸運だった。私はこの時代の流れの一部だった。この間に私は、わが国の党組織の最小の細胞から真っ直ぐそのてっぺんへ——つまり、党の中央委員会と政治局の一員へ、閣僚会議議長と中央委員会第一書記へ、そしてソ連最高会議幹部会員へと昇りつめたのだ（シェクター、ルチコフ編、福島正光訳『フルシチョフ　封印されていた証言』）。

死後二〇年余にしてソ連が崩壊することなど、露ほども思っていない、楽天的な発言であるが、これが大国ソ連のトップだけの自信ではなく、おそらく、七〇年代までの普通のソ連の大衆の気分でもあり、オパーリンも例外でなかった、と思われる。

フルシチョフがその回想記の中で自らの決定を「遺憾に思っている」、としたのは、パステルナークの『ドクトル・ジバゴ』についてである。

生涯の終わりに近づいているいま、私はパステルナークを支持しなかったことを遺憾に思っている。自分が手を下してこの本を発禁にしたこと……を後悔している。……

われわれは、芸術的な作品を読んで監視することを任務としているひとびとを信頼して、『ドクトル・ジバゴ』を発禁にし、その結果、ソ連に少なからぬ害を与えた（前掲書）。

一九五六年のハンガリーへの出兵も、六一年のベルリンの壁構築も、晩年になっても肯定している。しかし、役職を退いた四年後の一九六八年八月のチェコスロヴァキアへの侵入については、「ソ連軍の派遣は間違いだった」と漏らしている。

オパーリンは、フルシチョフより九年近く長生きしたが、ソ連の体制は大きく変わってはいなかった。ミハイル＝ゴルバチョフの登場はオパーリンが世を去ってから五年後のことになる。

フルシチョフの回想にもどろう。どのような社会にあっても、一五歳くらいまでは年長者によって育てられる時期、三〇歳くらいまでは自立して自らを成長させる時期、そしてそのあとの一五年は子供を育てる時期……と区分できるかと思う。祖父や父母について、フルシチョフは語る。

二一年の飢饉

私の祖父は、近衛兵として二五年間勤めていた軍隊をやめたとき、農民の生活に落ち着くことにした。彼には三人の娘がおり、そのうちの一人……クセーニャが将来の私の母となった。……私の祖父の軍隊時代の友人の息子がクセーニャと結婚し、……それが私の父のセルゲイ＝フルシチョフである。……父はドンバスへ行って、そこではじめて工夫として鉄道で働いた。……だが、……父はそこを出て、最後にユゾフカ［のちのドネック］に着き、この地の鉱山で働くことにした（前掲書）。

セルゲイは金を貯めて故郷の村に帰り、ニキータが生まれた。ニキータはそこの教区学校に通ったが、定規で叩いて暗記させる教育法のために、「勉強がまったく好きになれなかった」という。そのあと別の学校に通って、「記憶するかぎり、この女性が私の最初の真の先生だった」リジヤ＝ミハイロヴナに出会う。「全部でたった四年間の学校生活を終えたとき」、ニキータは町の学校へ行くようすすめられた。しかし、「父は……金を使い果たしており……隣村の地主のところで作男として働き……母は洗濯女をつとめ……私もそこへ行って羊飼いの少年として働き、一日に五カペイカもらった」と語る。結局、ニキータと父親はユゾフカにもどり、組立工になる道を選んだニキータは「一五歳で一人前の労働者となった」。商家に生まれ、家庭教師に学んだあと、帝政時代の中等教育機関であったモスクワのギムナジウムに進んだオパーリンの場合とは全く異なる。

革命が起こり、ニキータ＝フルシチョフは赤軍の兵士になり、コミッサール（代表者）に昇進した。「建設大隊のコミッサールとして軍に選ばれ、政治将校養成の二か月の課程を学んだ。この課程を終えたあと、私は第九師団の政治部門で政治教官に任命された」と、淡々と語っているが、この間、最初の妻が死んだ。二一年の飢饉の犠牲であった。

前線からユゾフカにもどり、労働者学校で学び、ユゾフカの党組織で地位を占め、レーニンの死んだ年、ニーナ＝ペトロヴナという女性と再婚する。この再婚相手の名と父称は、偶然のことながら、オパーリンの二度目の妻のそれと同じである。

フルシチョフと科学者

〝アネクドート〟と称される小話をお茶のパーティの席上などで披露しあうことが、ロシアでは帝政時代から行われていたが、フルシチョフが登場するアネクドートもいくつも記録されている。フルシチョフが、ソルジェニーツィンの『イワン＝デニソヴィチの一日』の雑誌掲載を決定するなど、「抑圧の絆をゆるめはじめると、アネクドートは国民の不満のはけ口として盛んに制作されるようになった」（川崎浹『ロシアのユーモア』）という。

回想の最後の章「知識人たち――科学者と作家」に、フルシチョフはソルジェニーツィンについて語っているが、ここでは、科学者・技術者として誰を取り上げているか見ておくことにしたい。

弾道ミサイルの開発を指導したセルゲイ＝パーヴロヴィチ＝コロリョフ（一九〇七～六六）の名がまず挙がっている。そして、世界初の人工衛星スプートニク一号のエンジン開発に功績のあったヴァレンチン＝ペトローヴィチ＝グルシコ（一九〇八～八九）、ミサイル迎撃兵器の開発者たち、低温物理学者ピョートル＝L＝カピッツァ（一八九四～一九八四、後述）、原子物理学者でソ連の原爆の父といわれるイーゴリ＝V＝クルチャートフ（一九〇三～六〇）などの名がある。遺伝学など生物学関係の学者については語られていない。国防上、重要な範疇に入る科学や技術の分野に関心があったことを示しているのであろう。従って、誤った遺伝学を掲げて権力を持ったルィセンコを支持したことをどう考えているか、などということには言及されていない。

ソ連の水爆実験は、一九五三年八月一二日に始まり、第二回は五五年一一月二二日に行われた。「核爆発からの放射性炭素としきい値なしの生物学的影響」という、放射能の遺伝的影響について考察した論文を書いたのは遺伝学者ではなく、水爆開発に携ったアンドレイ＝D＝サハロフ（一九二一～八九、後述）であった。彼は、三、四〇年代と違う「フルシチョフ時代に、ルィセンコ一派がその地位を確保できた」理由として二つ挙げているが、その第一に、「ルィセンコがほとんど金をかけずにソ連の農業に巨大な成果を約束する速効薬を常に用意していたことである。フルシチョフはしばしばその誘惑に勝てなかった」としている。

フルシチョフは、スターリン批判を始めた政治家として有名ではあるが、ルイセンコ評価などスターリン時代を継承してもいる。オパーリンがその生命起原論を確立した後、ルイヤンコ説を微妙に受容していることが、彼の一般向けの著作や記事などに現れている。オパーリンという人と生きた時代、そして思想を理解するのは複雑な過程になりそうである。

日本への紹介

山口清三郎の日記から

［一九四一年］三月四日 Oparin を全部読み終る。取扱っている内容が新しいのではなく内容の取扱い方が新しいと言える。反応系の整合性、Coazervation 注意。

三月七日　Oparin 中の二、三の誤訳について。

三月一五日　……山田坂仁氏に手紙を出す。

三月二一日　山田坂仁氏より手紙貰う。

手紙を差し上げた事が無駄でなかったことを知った（中村輝子・増田芳雄「山口清三郎博士の戦中日記」『人間環境科学』第五巻）。

戦後間もなく亡くなった植物生理学者、生化学者で『発酵』（岩波書店）やパストゥールの『自然発生説の検討』の翻訳（岩波書店）で著名な山口清三郎氏の日記の中から、オパーリンの邦訳に関連する箇所を書き抜いて示した。

前述のようにオパーリンの初来日講演は大盛況で、当時すでにオパーリンの知名度がかなり高かったことを示していた。『生命の起原』はアメリカで出た英訳版（一九三八）からの重訳として、この日記に記されている哲学者山田坂仁によって紹介された。邦訳出版（初版は四一年一月二一日発行）後すぐ、生化学的な事項についての誤訳に気付いた山口が訳者に手紙でそれを指摘した、ということであろう。戦後になって出た版の訳者の序に謝辞が述べられている。

多くの先輩畏友、専門の研究者のかたがた、とくに資源科学研究所山口清三郎氏より厚意ある批評と数々の注意をいただき、多少とも訂正をなしえたことは、戦争中訳者にとってはこよない「心強さ」であった。……

一九四六年九月　　山田坂仁

哲学者山田坂仁

オパーリンの著作の中で最も基本的なものが、きちんとした翻訳書として早くから普及したことは日本の読書界にとって幸いであった。三六年の著作の内容については第V章で述べるが、この邦訳の試みは見識の高さを示している。

哲学者としての山田が、戦後、オパーリン来日以前、日本でもルィセンコが持ちあげられている時代に哲学的著作の中で、毅然として、ルィセンコとそれへの迎合を批判していることにも、山田の見識の高さが現れている。物理学者武谷三男の発言に関連して述べているため、いささかわかりにくいかもしれないが、当時の哲学を巡る論争として、一瞥しておくことにしたい。「科学と哲学との関係」から引用する。

（武谷）氏はソ連における農業技術上の貢献について……全く誤った評価と結論を引出しているのである。……

ルィセンコのやった農業技術上の改革は主として春化処理によるもので、彼はこれを馬鈴薯や穀類などに応用してその収穫量を増大せしめたのである。

……だからルィセンコの仕事はゲノタイプの変化を前提とする本来の意味での品種改良ではないし、いわんや獲得形質の遺伝いかんに関係した問題ではないのである。

獲得形質が遺伝することは、今日のところまだ実験によって証明されていない。……突然変異種の間でいわゆる適者生存、自然淘汰、生存競争が行われるのである。

武谷氏は種が固定したものでなく変化するものであることを明らかにした功績をルィセンコに帰しているが、これも全くの誤りで……ダーウィンにこそ帰せられ……（山田坂仁『思想と実践』）

このあと山田はさらに、マルクス主義的文献の中にしばしばみられる突然変異説に「観念論」のレッテルをはりつけ、「獲得形質の遺伝を、あらゆる実験事実に反して強硬に主張し」たりする傾向は「全く唯物論精神に反している」と断じ、「急速に克服されねばならない」と戒めている。

オパーリン来日と時期を合わせて邦訳出版された新書版の『生命の起原』がある。その「まえがき」から引用する。

五三年版小冊子

たまたま、私は二年ほどまえ、モスクワを訪問し、オパーリン先生に大へんお世話になった。……そのさい記念として贈られたのが、一九五三年版の本書の原本である。この本は、わが国で広く読まれている従来の本とはちがって、一般の人々にも理解しやすく書かれていることと、……新しい資料もくわえられているので……、東大ソヴェト医学研究会の人びとにこの翻訳をお願いしたしだいである。

ちょうど、日本生化学会出席のため、オパーリン先生をお迎えするときにあたって……先生に贈ることができるのは、私にとって喜びにたえない。

一九五五年一〇月　柘植秀臣

口絵にオパーリンの肖像と、「モスクワでお会いした記念に　五三年一二月二九日」ということばとオパーリンのサインも付されたこの本は、図版も多く、一二〇ページ足らずの新書版でなじみ易い印象を与えている。前述した新聞の読書欄掲載の「読み易い五三年版」である。

しかし、この本は、オパーリンが、ルィセンコを支持し、レーニンやスターリンの考えに従っている、ということをあからさまに示した政治的意味あいを持つ本でもある。極めつけは、細胞新成説の「O＝レペシンスカヤの実践」を取り上げ、「新しい弁証法の《飛躍》」である「始原生物の」生成と関連づけていることであるが、しかしそれへの全面的な支持の表明がある訳ではない。レーニンとスターリンの引用は、一か所づつあるがどちらも地球と生物の進化一般について述べた部分で、とりたてて問題があるとはいえない。ルィセンコの引用があるのは遺伝物質の存在についての部分で、特別の遺伝物質が生物の特性を担っているというヴァイスマン（一八三四〜一九一四）などの立場は生命の起原の問題を解決しない、と述べたあとに続く箇所に一つ、もう一つは、生物から抽出されたいくつかの酵素を含む実験的な系で、反応の秩序を実現できることを述べたあとに、「I＝ミチューリンとT＝ルィセンコの業績によって、完全に科学的につくられ発展させられた、有機体と環境とのあいだの、生命にとってもっとも特徴的である統一前提は、ここにあるのです」という箇所である。オパーリンのルィセンコ評価については、第Ⅵ章で考察する予定であるが、ここでは匿名の訳者たちによる「あとがき」をみておくことにしよう。

……やや通俗的に書かれているこの新書を訳しながらも、将来いかに研究すべきかを教えられました。

この新書を以前の大著にくらべると、むすびにもあるように生命の起原を実験的に解明する日が遠くない、という見通しがえられたことを強く感じます。オパーリン指導による組織的な研究をはじめ、その目的に気づかないにせよ、世界中でこの証明のための材料が増しつつあります。

そのようなときに、オパーリン教授を日本生化学会に迎えられたことは大きな意義があります。……（東大ソヴェト医学研究会訳）

ソ連国内で大衆向けに書かれたこの本への評価と、翻訳紹介することの微妙な心の揺れが、生化学を志す若い翻訳者たちの将来の研究の方向性や来日歓迎への意義づけに読みとれよう。

II　若きオパーリン

ロシアのナチュラリストたちは、一九〇〇年あたりに西欧で流行した反ダーウィニズムには影響されなかった――ボウラー『進化思想の歴史』より

「生物の進化」は承認された。しかし、その機構としては、ダーウィンの提出した自然選択以外の要因を求める傾向が強かった時代に、オパーリンが成長しつつあったロシアでは状況が異なっていた、というのは、意味のあることかもしれない。

ウグリチの商家に生まれたオパーリンは、ロシア北部の自然をこよなく愛する少年に成長し、植物学者でダーウィニストのチミリャーゼフの絶大な影響を受ける。

ロシアの古い街で

チェーホフの作品から

オパーリンが生まれた頃、一九世紀末のロシアの様子を知りたいと思ったら、チェーホフ（一八六〇～一九〇四）の作品を読むのも手かもしれない。一九世紀末から二〇世紀はじめにかけて、「ソ連」はまだ「ロシア」で、中国は「清」であった。その一〇年ほどの期間に日本は、この二つの国との間にそれぞれ戦火を交えたが、一九世紀最後のロシアの作家チェーホフは日本に関心を寄せ、一八九〇年、サハリンへの調査旅行の際にも日本に立ち寄りたく思っていたが適わず、その後も一九〇四年二月に始まった日露戦争の戦況に注目し、「医者として極東に行きたい」と漏らしていた。

その少し前、一八九七年に発表された『ワーニャおじさん』の中でチェーホフが医師に言わせて

チェーホフとサイン　チェーホフは医者であり、作家であった。

いる台詞も、最後の戯曲となった『桜の園』の中で実業家（商人）が祖父や父親について語る言葉も、最後の幕切れも、オパーリンの時代的背景をスケッチするには恰好の材料と思われる。

「ロシアの森は斧の下でめりめり言ってる、何十億本もの木々が滅びる、鳥や獣の棲処《すみか》は荒らされる、川は浅くなって涸れて行く、すばらしい景色は消えうせて二度ともどらない」（松下裕訳）。

「もし、うちの親父や祖父《じい》さんが柩の中から起き上がって、この顚末を、餓鬼エルモライ、いつもぶたれて、文字もろくに読めず、冬も裸足で駆け回っていた、彼らのエルモライが、世界中に比べるものもないほど美しいこの領地を買ったのを見たら、何と言うだろう！　祖父さんや親父が奴隷だった、台所にさえ入れてもらえなかった、その領地をわたしは買った」。「遠くで音が、天から降ってきたような、弦の切れたような、すうっと消えていく、もの悲しい音が響く。ふたたび静寂がおとずれ、聞こえるものとては、庭園の遠くで樹を打つ斧の響きだけである。幕」（小野理子訳）。

没落していく貴族ラネーフスカヤの領地は売りに出され、古いなじみの商人階級の男に買い取られ、園の桜は切り倒される。チェーホフその人の父も商人であった。そしてオパーリンの父も祖父も商人であった。〝ビジネスマン〟と称される実業家ではなく、普通の商人であった。

　日露戦争の戦況を憂慮していたチェーホフはその年の七月に没したが、ヨーロッパ諸国に遅れて資本主義を発達させたロシアと日本が戦さを交えていた頃、オパーリンは一〇歳の少年にまで成長していた。人々の経済的な関係、力関係が変わっていき、ロシアは一九〇五年の血の日曜日を皮切りに、一九一七年二月のブルジョワ民主主義革命を経て、社会主義への道を進んでいく。オパーリンの育ったのは、そうしたロシア、ソ連であった。

商家に生まれたオパーリン

生命に関する極めて根本的な問題についての新しい説を提出したオパーリンは、どのような家庭に育ったのであろうか。

極く幼い頃を、ヴォルガ河岸の絵のように美しい田舎ですごした。ヴォルガ河の上流、古いロシアの町ウグリチの近くである。もしかすると、私が生涯、わが国北部の自然への愛、その森や田野への愛を持ち続けてきたのは、このためかもしれない（オパーリン「科学におけるわが道」）。

オパーリンが生まれたのは一八九四年、ロシアの画家レヴィタン（一八六一～一九〇〇）が「永遠の静寂の上に」を発表した年、作曲家チャイコフスキー（一八四〇～九三）が没した翌年、ロシア最後の皇帝となるニコライ二世（一八六八～一九一八）が即位した年、レーニンが『人民の友とは何か』を出版した年、である。そして、オパーリンが生まれたのは、ヤロスラーヴリ州の古い街ウグリチの商家であった。

オパーリンの生家　ウグリチ。筆者撮影

その街に商家を興したのは、オパーリンの曽祖父にあたるアレクセイ＝ヴァシーリエヴィチ＝オパーリンであったという。その息子ドミトリー＝アレクセーヴィチ＝オパーリンには三人の息子があって、そのイヴァン、ヴァシーリー、アレクセイの代には商店も大きくなった。オパーリンの父となるイヴァンは魚類を、ヴァシーリー叔父は穀物などの食料雑貨を、アレクセイ叔父は塗料や油などを商っていた。そして、イヴァン＝ドミトリエヴィチ＝オパーリン（一八五八～一九二五）は、同じく商家の娘アレクサンドラ＝アレクサンドロヴナ＝グーセヴァ（一八七一～一九三三）と結婚して、三人の子どもが生まれた。

ロシア人の名前

ここで少し、ロシア人の名前について解説しておこう。一般にロシア人の名前は三つの構成要素からなる。名と、父称と、名字である。イヴァン、ヴァシーリー、アレクセイ、アレクサンドラなどは名であり、その次に来る父称のドミトリエヴィチやアレクサンドロヴナというのは、当人の父がドミトリーであるとか、アレクサンドルであることを意味する。父称は性によって変化する。トルストイの名作『アンナ＝カレーニナ』の夫がカレーニンであることからもわかるように名字も同様である。

一九世紀末のロシア社会

当時のロシア社会の様子についても簡単に見ておくことにする。経済的には、一八九三～九九年が好況期、一九〇〇～〇三年が経済恐慌の時期とされる。レーニンがペテルブルクで「労働者階級解放闘争同盟」を組織したのが一八九五年、同じくレーニンの『ロシアにおける資本主義の発達』刊行が九九年。一九〇〇年代になると労働運動が激化しはじめ、〇一年には軍需工場のストライキで労働者と軍隊・警察が衝突した。

変わりつつある当時の経済発展について、「一八九〇年代には特に高い成長率に達した。今や旧態依然たる商人は、実業家、工業経営者、専門技術者に屈し、昔風の経済は姿を消して、株式会社、……民間銀行というような発展した資本主義の特徴が姿を現わした」（R・ヒングリー著、川端香男里訳『十九世紀ロシアの作家と社会』）とも表現されている。

オパーリン家は、ここでいう「旧態依然たる」商家であり、前述したように〝ビジネスマン〟（実業家）といわれる人たちではなかったが、文化の方面でのパトロンとして活躍する商人階級も現れていた。一九世紀後半の文化の復興に大きく寄与したのは、知識と教養を身につけてきた商人の経済力であった。……中でも有名なパーヴェル＝トレチャコーフ（一八三二～九八）は一八五七年から絵画の収集を始め、一八八一年には、一二七六点の作品を所蔵する美術館を開設した、という。

また、鉄道王で百万長者であったサーヴァ＝マーモントフ（一八四一～一九一八）は文化・芸術のあらゆる面に大きな足跡を残した。彼の仕事として、まず《マーモントフ・オペラ》が挙げられる。これはモスクワの私営オペラであるが、ムソルグスキーやリムスキー・コルサコフを庇護し、シャリャーピンを世に出すなど、一九世紀末のオペラ芸術の発展を一手に支えた。さらに大きな彼の仕事は、《アブラームツェヴォ派》と称される美術家集団の結成である。アブラームツェヴォはスラヴ派の作家アクサーコフ（一七九一～一八五九）のモスクワ郊外（都心から約六〇km）の領地であったが、一八七〇年、マーモントフが買いとったのである。「ヴォルガの舟曳き人夫」（一八七三）で有名な画家レーピン（一八四四～一九三〇）はパリでマーモントフに会い、帰国後、モスクワやアブラームツェヴォに招待された、という。

オパーリン家は、こうした華々しい企業家たちとはちがって、旧い街のつましい商家だったようである。

オパーリン家の先進性　新しい世紀になって、シベリア鉄道のヴラジヴォストーク・ハバロフスク間が開通した。三人の子持ちになったイヴァン＝ドミトリエヴィチ＝オパーリンは、ウグリチから八kmほどの、ヴォルガ河の対岸の村コカエヴォの近くに土地を買い、家を建てた。商店はウグリチに置いたままであった。先に引用したオパーリンの自叙の中にある「絵のように美しい田舎」とは、ここのことである。その田舎でイヴァン＝ドミトリエヴィチも、農民とともに農作業を行っ

オパーリンの父（上）と母
母に抱かれているのは姉

た、と伝えられる。

写真が広く普及していなかった頃であるが、オパーリンの父母の写真が遺っている。黒っぽいヴェストに白いジャケットの父、玉飾りのついたかぶりもの、大玉のネックレスを何連もつけた正装の母。オパーリン家は、前述のようにつましい商家だったとはいえ、イヴァンは、三人の子供たちに最高の教育を受けさせるという先進性を持っていた。本書の主人公アレクサンドルは、兄ドミトリー（一八九一～一九七八）と一緒に家庭教師について勉強したあと、モスクワに出て第二ギムナジウムに学び、一九一二年、モスクワ大学に入学した。兄は、ペトログラード工科大学の経済学部を卒業した。姉アレクサンドラ（一八九〇～一九二三）はフランスの医科大学に学んだ。第一次世界大戦勃発のため、課程を修了しないまま帰国しなければならなかったとはいえ、娘をフランスに留学させるという点にも、イヴァンの革新性、当時のロシアの商人階級の進歩性を見ることができよう。

植物生理学への接近

『種の起原』五〇年祭とチミリャーゼフ　生物進化論の古典となったダーウィンの『種の起原』が出版されたのは一八五九年であったが、その五〇年記念祭がイギリスのケンブリッジで開催された頃、アレクサンドルは一五歳になっていた。ロシアの植物生理学者で、何よりもダーウィニストとして著名であったクリメント＝アルカージエヴィチ＝チミリャーゼフ（一八四三～一九二〇）は、『種の起原』出版五〇年祭に列席し、そのあと、一連のダーウィン関係の論文を発表した。チミリャーゼフは、ダーウィンの『種の起原』出版後間もなく自然選択説を取り入れ、『ダーウィン理論要約』（一八六五）を出していた。植物生理学の啓蒙的な著作『植物の生活』（一八七八）の著者としても知られる生物学界の大御所であった。

日本の劇団でも毎冬のように上演される児童演劇「森は生きている」（原題「一二の月の物語」。一九四三）の作者マルシャーク（一八八七～一九六四）も自叙伝の中で、上級生から、チミリャーゼフの『植物の生活』を読むようにすすめられた、と書いている（『人生のはじめ』）。『種の起原』五〇年祭の五年ほど前のことであったが、チミリャーゼフの著作はそれほど名著の誉れが高かったのであろう。

チミリャーゼフ

「ギムナジウムの低学年だったとき、すでに私は、学者、自然科学者、それもなぜか植物学者になることを夢みていた」と、晩年の自叙にオパーリンは書いている。少年時代の夢は、いろいろ豊かで多様である。オパーリンも植物学者になることだけを考えていた訳ではないであろう。将来の姿として描いたものの一つということではあろうが、その文を次のように続ける。

休暇中に私は、植物標本を収集し、住んでいた地方の植物相を研究し、植物生理学の初歩的な実験を行いもした。

しかし、特に強い印象を受けたのは、クリメント＝アルカージエヴィチ＝チミリャーゼフの本『植物の生活』で、彼のことを、最初の我が師だと思っている。

オパーリンが感銘を受け、マルシャークも上級生にすすめられて読んだという『植物の生活』は、どんな本なのであろうか。

『植物の生活』に惹かれて

第一章「科学と社会、植物の内部および外部構造」という表題のもと、〝植物学者の二つの古いタイプ〟という項目で始まる植物学書は、いささか型やぶり、ともいえよう。次の項目は〝科学の時代的傾向〟で、「いったい植物学とはどんな学問であるのか？　その目的は何か？（中略）……もし一般の人々がこれらの問題を知らないなら、その罪の一半は植物学者自身にあり、他の一半は科学の歴史的発達にある。以下これらの点について考察してみよう」と、かなり力の入った書きっぷりである。

しかし、構成は、第二章「細胞」、第三章「タネ」、第四章「根」と続き、以下、「葉」「茎」「生長」「花と果実」等々とあって特に異例な植物書ではないが、第一〇章「生物諸形態の形成」でダーウィン説に言及し、〝なぜ適応現象の特殊な場合に満足すべきなのか〟といういささか風変わりな項で結ばれている。「生命の起原」にも無関係ではないので、引用しておこう。

もしたとえ生命現象の大部分を簡単な物理化学的原理に還元でき、かつ今作用している原因によってそれらを説明できるとしても、われわれは形態の関係するほとんどすべてのことを説明するためには歴史的原因にかえって行かねばならない。この方法によって生物の完全性を説明するためには、生物は実際に歴史をもっており、この歴史的発展が生物を完成に向かって導いているということを第一に証明しなければならない。すべての生物学の部門——分類学、比較解剖学、発生学、古生物学——の共同検討が、生物形態の起原が一つであることを確信している。……もしわれわれが変異の最初の原因を発見し、また更に中間形態の一貫した系列……を示すことができるならば、最も複雑な形……の起原は、われわれには何ら不思議なものではなくなるだろう。それは時と淘汰の問題になるだろう。これは生物学者が、なぜダーウィン説の中に近代生理学の構造を完成する学説として賞讃するかを説明している。実際それは生物の起原と生物の完成化の原因を解決するカギを提供し、われわれがこの講義の初めにかかげた問題を解決するのである（亀井健三、石井友幸、北原寿子共訳によるが、一部の漢字を引用者が改めた）。

哲学的、概念的な部分の引用になったが、図版も多く、実験法も具体的で、書かれてから一〇〇年以上経た現在読んでも、魅力的で興味を引かれる。

植物の種子について

少年時代にオパーリンは、「植物生理学の初歩的な実験」を行ったと書き、それに続けてチミリャーゼフの『植物の生活』について記していた。その実験のいくつかは、その書物に導かれてのことであったかもしれない。

小麦の粒を砕いて粉にし、それから、タンパク質であるグルテンと、澱粉を採り出す実験などはいつでも簡単にできるものでもあり、きっとやったであろう、と想像できる。それは、「細胞」の章に出ているものであるが、オパーリンの将来の植物生理学の実験テーマとかかわって興味深い。その章の書き出しだけ引用しておこう。興味深いというのは、生化学者としてのオパーリンの初期の研究論文のテーマが発芽種子の蛋白質の変化の分析であることと併せ考えてのことである。

冬中雪の下でねむっていたタネや春になって農夫の手で土にまかれたタネの活動が始まる時から植物器官の機能を概観してみよう。多分植物の生活の中でこのあらわれほど興味深いものはないであろう。科学者も哲学者も詩人もそれについて熟考した。神秘的な詩的なベールさえかかっているようである。われわれはその中に生命の化神、夢と死からのめざめの象徴を見る。……この現象を想像でおおい包み詩的空想にふけるようなことをせずに、正しい科学的分析にゆだねよう。この現象は非常に複雑であるが、より簡単なものに還元し、休止状態にあるタネと、活動を始めているタネとの間にどんな相異があるか、この活動をよび起す刺激はどこにあるかを説明しよう（前掲、亀井・石井・北原共訳）。

チミリャーゼフの著作は、当時のギムナジウムの生徒たちを魅了した。そして、オパーリンをも。チミリャーゼフは、化学元素の周期律の発見者メンデレーエフ（一八三四〜一九〇七）の指導を受けて働いたこともあり、「緑葉のスペクトル分析」で学位を得た、植物の生理を物理化学のことばで理解しようという新しい植物学者であった。しかも、植物の生理を物理化学に還元してしまうのではなく、生物が持っている長い歴史を常に意識しているダーウィニストであった。少年時代のオパーリンがそういうチミリャーゼフの著作に触れたのは彼自身の言うように意味深いことであった。

ダーウィンの進化説の信奉者　チミリャーゼフはダーウィンの『種の起原』五〇年祭に出席する以前、国内で激しいダーウィニズム攻撃に対して闘い、「反ダーウィン主義者の無力な中傷」（一八八九）などの論文を発表してもいた。また、政治的にも、反政府的言動も目だち、逮捕追放された学生を守るための集会に参加して文相（教育大臣）から叱責を受けもし、ストライキ学生を兵隊に遣るという法律の撤廃を大学理事会に要求して、非難される、ということもあった。一九〇二年には、モスクワ大学での講義を中止させられ、植物学研究室の指導だけが認められるという状況であった。

一九一一年、学生騒擾と関連してモスクワ大学を警察の管理下に置くという文相の処置に、一三〇名ほどの教授や講師が「大学破壊行為に対する抗議」として、大学に辞表を出した。チミリャーゼフもこの時、モスクワ大学を去った。

ロシア社会は大きく崩れつつあった。チミリャーゼフの著作に魅かれ、いくつかの実験を試みていたギムナジウム時代のオパーリンは、その動きを感じていたのであろうか。おそらく、余り深刻に感じてはいなかったのであろう。そのことについて特に回想している叙述は見当たらない。

先の『植物の生活』についての引用に続けて、オパーリンは明るく思い出している。

まだギムナジウムの生徒だったとき、科学技術博物館で、彼（チミリャーゼフ）のすばらしい一般向け講義を聴講し、ダーウィニズムについての著作に熱中し、反ダーウィニストとの激しい論争を、興味深く見守った。

　ギムナジウムの卒業までには、私はすでに、十分できあがった生物学徒で、ダーウィンの進化学説の信奉者であった。従って、私は、迷うことなくモスクワ大学に入学し、専門として植物生理学を選んだ。

　これを読むと、オパーリンは早くから生物学ひとすじ、それもダーウィニズムに裏打ちされた筋金入りの植物生理学者だったように感じさせられる。これは、ソ連の科学技術学会の雑誌「科学技術の諸問題」に「科学におけるわが道」と題して、八〇歳の誕生日に因んで発表されたものである。そのことを少し割り引きして受け取らなければならないかもしれない。実際オパーリンは、詩が好きで詩人になりたかったこともあるし、演劇をやりたくてスタニスラフスキーを訪ねたこともあった、という。


モスクワ大学入学と最初の研究論文　一九一二年、オパーリンはモスクワ大学に入学した。一八世紀に創立されたロシア最古の、最大の大学である。植物生理学の講座は、チミリャーゼフの弟子で、当時、助教授であったフョードル＝ニコラエヴィチ＝クラシェニンニコフによって指導されていた。

　オパーリンの最初の印刷された論文は「ファン・スライク法による植物グロブリンの遊離アミノ

群の測定」と題されたもので、その論文の作成には、直接、チミリャーゼフの教示や助言を受けることができた、という。クラシェニンニコフの紹介による次第であった。論文の発表は一九一七年夏、「十月革命」の少し前であった。オパーリンの研究歴を大きく四期に分けるとすると、その第一期の始まりとなる。

その二年前、オパーリンのまだ学生時代、一九一五年に、全ロシア都市連合製薬工場で化学者として働いたことを示す記録がある。オパーリンは第一次大戦下、ドイツから輸入できなくなったアスピリンなどの製造にたずさわったのである。

当時および以後の、革命や労働組合活動について記している部分を引用しよう。

　まだ十月社会主義大革命の以前、私は全ロシア都市連合の製薬工場で、化学者として働いていた。一九一七年の嵐のような出来事は、もちろん、私をもまきこんだ。私は、工場労働者によって工場委員会の書記に選ばれ、そのあと、第一回全ロシア化学工業労働者大会に代表として派遣された。

この大会は一九一八年のことで、その後、二〇年の第二回大会にも中央委員会の委員に選出されている。

最初の研究の論文のあとに続くのは、ヒマワリの種子の緑色の呼吸色素に関するものである。「ヒ

マワリ *Helianthus annuus* の発芽種子におけるタンパク質の酸化に伴う緑色呼吸色素とその意味」（一九二一）はドイツ語で発表された。

翌二二年にはドイツの生化学者アルブレヒト＝コッセル（一八五三～一九二七）の研究室に短期留学した。「学術資格昇格のため」と年譜には記されている。コッセルは一九〇一年、ノーベル生理学賞を受賞していた。ドイツは空前のインフレであった。オパーリンはそのことについては語っていないが、一七年に卒業したあと、教授称号を取得する準備として植物生理学講座に残っていたオパーリンは、着実に実績を積んで、研究成果は、「発芽植物種子における酵素形成について」「小麦の発芽種子における酵素形成の際の酸素の影響」などと続いた。発表はどちらも二二年、論文はドイツ語で書かれている。

チミリャーゼフは一九二〇年四月に没していたが、研究上の指導者として、アレクセイ＝ニコラエヴィチ＝バッハ（一八五七～一九四六）に接近した。オパーリンに新しい展開が期待されていた。また、一〇歳年上の女性マリーヤ＝ヤーコヴレヴナと大学卒業後間もなく結婚してもいた。若い時期の結婚は特に異例というほどではないようで、一世代上に属するが、微生物学者ヴィノグラツキー（一八五六～一九五三）も学生時代に結婚していた。彼女は、革命後初代の教育人民委員（文部大臣に相当）ルナチャルスキー（一八七五～一九三三）のもとで働いた知的な女性であった。彼女についてはあまり知られていないが、女性の活躍は顕著な時期で、世界最初の社会主義国建設に向かって昂揚期にあった当時、作家としても名を残したコロンタイ（一八七二～一九五二）は、世界初の女性大使としてノルウェー、スウェーデンなどに赴いた。

パリ・ジュネーヴに亡命していた呼吸化学についての研究で著名であった生化学者バッハは、一九一七年夏、ペトログラードに帰って来ていた。のちにバッハ生化学研究所の所長になる人物である。モスクワに設立されるその研究所でオパーリンは終生、仕事することになるが、それは一九三〇年代になってからのことである。

III

「生命の起原」の誕生

遅かれ早かれこれらの有機物のコロイド液が、地球の最初の水の覆いの中に生じた――オパーリン『生命の起原』（一九二四）より

生命の起原についての本格的な著作は一九三六年に出版されることになるが、その習作ともいえる初期の著作、いわば〝「生命の起原」の起原〟は、粗末なうす紅色の表紙の小冊子であった。体裁も思想も、のちの本格的なものとは趣きを異にしている。

植物学会での発表とブックレット『生命の起原』

「ロマンティックな問題」

革命から四年半が過ぎていた。前の年に起きた内戦はソヴィエト政府の勝利に終わったが、飢饉は全国に広がっていた。政府は〝ネップ〟と呼ばれた「新経済政策」を提案し、生産力の向上をはかってはいたが、食料は不足し、燃料は欠乏して、子供や老人たちは次々に倒れていった。レーニンはその対策に苦慮し、健康はひどく蝕まれていた。

未だ若い生化学者アレクサンドル＝イヴァノヴィチ＝オパーリンは、今、自分が終えた植物学会での報告を思い返していた。「生命の起原――ロマンティックな問題だ。これまで自分が手がけてきた植物の種子の生化学的研究とはかなりかけ離れているように受けとめられたかもしれない。食料という現実の課題に貢献することのできる、植物の酵素の問題とはつながらないように思われるのは、仕方ない。ここにあるのはロマンティストの精神だ。詩人になったほうがよかったかもしれないって？　そう。科学者もロマンティストだ。植物学者になる夢は、ずいぶん幼い日からあったような気がする。それに、なんといっても、生命の起原は、すてきな、理論的問題だ……。ダーウインの『種の起原』のように、生物学全体の基礎になるような……」。もしかしたら、そう思っていたかもしれない。

革命の年に大学を卒業したオパーリンは、レーニンの時代に青年期をすごした。のちの著作『地球上の生命の発生』の原型となるこの報告は、レーニン時代の産物ともいえようか。

当時、モスクワ大学の学生には、オパーリンが外国人のように感じられたという。まずその蝶ネクタイから、そしてモスクワッ子と違うО《オー》の発音の癖から。ウグリチのあるヤロスラーヴリ地方の訛《なまり》であった。暖かい日があっても、夜明けとともに突然、寒波が襲って氷点下一〇度以下にもなる。モスクワの周囲の森には明るい光が射し込み、白樺の枝から融けた雪の雫がしたたり、きらきら輝く。一九二二年五月。林檎・梨・実桜《ミザクラ》・スモモの花も、一斉に咲き始めようという春。裸の木々が緑の芽を驚くべき速さで拡げ始める春。動き出したものは、ほかにもあった。丁度一か月前の四月二日には、スターリンが党書記長に選出されていた。

草木の芽が萌え出ずる季節は、生命の力の最も印象的に目に見える時ともいえよう。「一九二二年春、ロシア植物学会モスクワ支部〔本部はペテルブルク〕の会議で、私は、列挙された諸事実をすべて総合して、報告を行った。それは、地球上の生命の発生の途について、自分の考えをはじめて述べたものであった」と、晩年のオパーリンは語っている。会議は、五月三日であった、とされる。日本では大正一一年新緑の候。「労働者消費組合活発化」と年表に記されているし、その二年前には、日本で初のメーデーが上野公園で開催されたということから、社会主義を実現したソ連への関心も、当時の日本では決して低くなかったと思われる。しかし、科学という点では、日本ばかりでなくどこからも、ソ連はまだほとんど注目されていなかった。元素の周期律を発見したメンデレーエフを生み、生理学のパヴロフ（一八四九～一九三六）、ロケット理論のツィオルコフスキー（一八五七～一九三六）、古くは非ユークリッド幾何学のロバチェフスキー（一七九二～一八五六）などを出した国とはいえ、ロシアは、帝政時代にはもっぱらフランスやドイツから学ぶことに力が注がれてきたし、革命後は内戦や飢饉の克服が急務であった。

ソ連科学の黄金時代

二一年、新経済政策（ネップ）への移行が決定され、文化教育の面では一九年から取り組まれていた識字キャンペーンに象徴されるように教育制度も整備拡充されつつあった。科学についても、二二年から二八年を「ソ連科学の黄金時代」と評価する歴史家もいるほど、活気を呈してきたが、この期間に成果を発表した科学者たちは皆、革命前に教育を受けたり、外国留学の経験者であって、単純にソヴィエト政権が科学技術の発展のために力を入れた結果とはいえない。

オパーリンの生命の起原説も、この時代に発表された科学上の成果といわれるが、この時点では、それは実験的根拠を持たない、全く概念的なアイディアともいえるものであった。それについて、オパーリン自身は、「われわれの惑星［地球］の生命の発生が、多くの人々が当時、思っていたように、なにか極めて稀れな、好運なできごとだったのではなく、完全に、客観的な科学的研究に供される、合法則的な事件である、という考え」と、晩年、述べている。「私の考えでは、その研究は、有機物の、前生物学的進化の上に基礎づけられるものであった。有機物は、未だ生物の存在しない地球上に、自然発生によって生じ、次第に複雑化しながら、なんらかの固体様のコロイドの凝塊を形成し、その中から、自然選択の結果、地球上の全生物の祖先である最初の生物が発生した」（「科学におけるわが道」一九七五）と、その講演の要旨について語っているが、講演そのものについては文献資料がないため、正確なところはわかっていない。

そしてまた、オパーリンがなぜ、このような問題をこの時期に取り上げたのか、という事情についても、はっきり言えることは、残念ながら、ひとつもない。功成り名を遂げたあとの晩年の回想は、どこまで信頼してよいものか吟味しなければならない。またもしかしたら、最も大きく寄与したものについては、一言も言及していないかもしれないのである。とはいえ、同じ回想記から、もう少し、その周辺を引用してみよう。「私が生命の起原の問題に興味をもち始めた当時、今世紀の二〇年代初め、この問題は批判的な状態にあり、禁止のようなものであった。多くの人々は、その問題を、呪われた、解き得ない問題とみなし、まじめな学者が取り上げるべきではない問題であった」というのである。

ヴェルナツキー

神秘主義の影響下で

オパーリン自身の書いたものから、「この時期に、なぜ」を引き出せるかもしれないとしても、ここでちょっと目を転じて、当時のソ連の社会の雰囲気、文化のある状況について、覗いてみることにしたい。『終末と革命のロシア・ルネサンス』(亀山郁夫)によれば、二〇世紀初頭のロシア・ソヴィエトでニコライ＝フョードロフの思想がもてはやされたという。

それは、「死者の復活」と「自然統御」の二つを柱とするもので、広範に、ロケットの父ツィオルコフスキーや、地球科学の創始者の一人として著名なヴェルナツキー(一八六三～一九四五)にも影響を与えた、というのである(オパーリンによるヴェルナツキーやツィオルコフスキーについての言及は、第Ⅳ章で改めて検討する)。一九二〇年代の不死と復活をめぐる議論は、美術や評論、宇宙工学の分野にまで広がり、医学の分野では不老長寿や若返り術といった疑似科学がさかんに生み出されたという。日本に比べて、ソ連・ロシアでは、迷信や古い習慣が日常的に受け継がれており、テレパシーなどの超科学的な現象を受け容れているように感じられるが、特に、一九二〇年代には、それが顕著だったのであろうか。当時のこのような雰囲気の中で、オパーリンが生命そのものについて論じる必要性を感じた、ということが心に留められるべきかもしれない。

『地球上の生命の出現』に対して

生命の起原の問題を、あえてオパーリンが、「まじめな学者が取り上げるべきではない」にもかかわらず、この時期に取り上げたということと、関係があるかもしれないもう一つは、著名な生化学者であったコストィチェフ（一八七七〜一九三一）の『地球上の生命の出現』という本の意味である。地球上の生物は他の天体から飛来した胚種に由来するものであり、無生物から生物が生じることはあり得ない、とした、一九二一年出版のその本について、オパーリンが言及するのは二二年の発表からずっとのち、三六年出版の彼の主著において、である。ペトログラードの錚々たる学者を批判的に取り上げるのをためらったためかと思われるが、少なくとも、コストィチェフのその書物に触発されて、オパーリンが生命の起原説をまとめてみる気になった、というような説明は一切、なされていない。とはいえ、そのような想像は、十分可能ではあるし、生命の問題とまともに向き合うことについての説明とはなり得るであろう。

姉の死と『生命の起原』の出版

一九二三年一一月、姉アレクサンドラ＝イヴァノヴナが亡くなった。フランスで医学を学び、第一次世界大戦の勃発のために卒業しないまま帰国したとはいえ、医師であった夫とともに、医者として働いていた姉の、未だ若い死であった。夫の生家は写真館で、娘時代のアレクサンドラの写真も、兄のドミトリーの写真も、その写真館で撮ったことがわかる。どちらにもオパーリン家のあったウグリチという、ヴォルガ河沿いの古い街の名も記されている。

姉アレクサンドラ

兄ドミトリー

　オパーリンの研究歴をたどるとき、一九一七年に植物生理学の論文を出してから二〇代を終えるまでが一つの区切り、第一期（初期）といえる。第二期（中期）の始まりは生命の起原説がはじめて活字として発表された一九二四年である。「モスクワ労働者」出版から発行されたブックレットについて、「この冊子は、後に広い評判をとり、現在も度々、世界の科学文献に引用されている。その中で私は、当時までに、天文学、化学、生物学の分野で知られていたデータによって、自分の述べた一般的な立場を根拠づけ、また、われわれの惑星上での生命の発生につながった可能性のある途の、輪郭を描いた」と回想している。

　この年の一月にレーニンが没し、ペトログラードはレニングラードと改称され、八月にはモスクワの赤の広場にレーニン廟が建設された。その遺体の保存については、オパーリンの恩師バッハとともに生化学研究所設立に努力していたボリス＝ズバルスキー（一八八五〜一九五四）らが知識や技術を提供した。レーニンが没した翌年には、トロツキーが人民委員を解任された。しかし、科学活動の上には、二八年まで大きな変化はなかった。オパーリンは、二二年、ドイツ、ハイデルベルクの生化学者コッセル教授のもとに、学術資格昇格のため出張することができたし、その後、二四年にはオーストリア・イタリアに、二五年にはフランスに赴いたのであった。

五つの節

『生命の起原』と題された一九二四年の小冊子《ブックレット》は、赤味を帯びた粗末な表紙（六七ページ写真）と装丁のものである。その七〇ページの内容は、どの程度、二二年の口頭発表から変化しているかわからないが、かなり拡充されたことは確かである。本の内容は、イギリスの物理学者で生命の起原の問題についても論じているバナール（一九〇一～七一）の著作の中に英訳が収められている。五つの節から成り立っている。のちに発展した著作と比較するためにも、その五つの節の見出しを列記しておこう。「自然発生説」「パンスペルミア［胚種広布］説」「生きている世界と死んだ世界」「結合していない元素から有機化合物へ」「有機物から生物へ」。見返しには、ゲーテの『ファウスト』からのことば「若き友よ、一切の理論は灰色で、緑に萌えるのは、生命の黄金の樹だ」の二行が置かれている。

オパーリンは演劇を志したり、詩人になることを思い描いたりもしたようであるが、そうであるとすれば「生命の起原」の問題を、「生命の樹」のイメージのもとに展開させたというのは納得しやすい。進化論の提唱者、『種の起原』で有名なダーウィンも「生命の樹」のイメージを抱いていた。また、西欧では、「生命の樹」というイメージが盛んに使われ、よく壁掛けなどにもなっている。微小な生命体が次第に複雑化し、もとのものから枝分れしていくと同時に、生命の樹全体も成長していく、豊かな緑の樹を生物界の発展と重ねることは、極めてわかりやすい。しかし、「一切の理論は灰色」というのをオパーリンはどのように解釈して、この「生命の起原」理論を提出したのであろうか。片足はいつも実践的な問題につながる生化学に置いていたオパーリンの、ちょっとしたユーモアなのであろうか。

灰色の理論と緑の生命の樹

内容について簡単に紹介することで、その疑問に対する回答のヒントが得られるかもしれない。ひからびて死んでしまった理論に対し、美しく、生き生きした生命のイメージとして象徴されていると考えられるのである。はじめの二つの節（「自然発生説」「パンスペルミア説」）で、過去の理論を扱い、そのあとで、生命とは何か、そして、生命発生の化学的な進化の道すじを提示していることと対応していると考えられる。灰色の理論と緑色の生命の樹――そして、ここでオパーリンが提示したものも、実は「理論」、のちのことばである化学進化による生命起原理論というよりは、もっと素朴な問題提起であり、未来への夢であったのかもしれない。論文の終わり近くに次のように書いていることからも、そう感じられる。

検討した［生命の起原の］道すじがこのとおりでそれ以外ではなかったと、確実に主張するべく利用できる事実は、未だ少ししかない。われわれは未だコロイドのゲルの造りについてほんの少しか知らないし、原形質の物理化学的構造についてはもっとわずかしか知らないが、このわれわれの無知は、確実に、一時的なものでしかない。今日わからないことは、明日わかるようになる。

とはいえ、この論文が、古い理論の歴史と未来の研究の夢を述べただけのものではないことはいうまでもない。宇宙や地球の歴史、細胞内の構造その他の知識から見て、不十分な点が少なくないのは当然である。そのような時に、物質の進化として生命が発生したその道すじの仮説を、はじめて提出したことの意義は大きい。

しかし、「生きている世界と死んだ世界」は、「生物界と無生物界」の意味であり、このように表現の吟味が不十分な点、見方が機械的であるとのちに評される点などが散見される。また、有機物の豊富なスープの中で、生命が生じてくる過程について、「偶然に」という言葉を使っているが、その考え方は、三六年に著した著作の弁証法的唯物論の考え方と異なる、といわれるところである。

『生命の起原』1・2節――「自然発生説」と「パンスペルミア説」

一九三六年以後のオパーリンの著作の主なものは、現在入手するのは困難だとはいえ、一度は邦訳出版されたのに比して、今問題にしている二四年の小冊子《ブックレット》は、英訳は普及しているものの、日本では余り知られていない。従ってその内容をここで見渡してみることにしよう。

自然発生説について

湿りけのある土や腐った倒木に陽が当たって湯気のたつようなところ、蒸し蒸しするところには「ムシがわく」と日本でも古くから考えられていた。「人類が意識を持つようになった段階以来、人は、宇宙の問題を解こうと努めてきた。その最も複雑な最も興味を引く問題は、生命の起原である」とまずオパーリンは綴っている。そして、「アリストテレスのように知性高い人物でさえも」ミミズやホタルやウナギなどが泥の中から自然に発生すると考えたことを述べる。

どこで生まれ、どのように成長しているのか見ることのできない魚類や、卵が微小で見えなかったり、腐った植物を掘り返したりするとびっしり出てくるような虫、そうしたものが自然発生するのだという考えは、ずいぶん長い期間続いた。

「一七世紀半ばになって「イタリアの学者」レディが簡単な実験で、腐肉に蛆が生ずるという自然発生の意見には何の根拠もないことを示した」。肉を入れた容器を布でおおったものとおおわないものを比較対照した実験である。

そうした実験のあとでも腸内寄生虫などは自然発生していると考えられたのであるが、オパーリンはそんなことにはお構いなく、すぐ続けて「裸眼で見える生物については、自然発生説は支持されなくなった。しかし、一七世紀末にキルヒャー（一六〇二〜八〇）とファン＝レーウェンフック（一六三二〜一七二三）が、微小生物の世界を発見した。裸眼では見えない、顕微鏡によってはじめて」見つけることのできる微生物の自然発生を唱えたのはニーダムで、「彼は肉の煮出し汁や植物の煎出汁を材料に使い、密封容器に入れて、短時間煮沸し」て、滅菌したにもかかわらず、液中に微生物が生じた。このことから「ニーダムは、自然発生という現象を証明している、という結論を引き出した」と書いている。

ここでキルヒャーとオパーリンが書いている人物は、感染症の病気の原因を微生物と結びつけた一七世紀の学者であるが、オパーリンののちの版（一九五七）には、ここのように微生物の発見者としてではなく、胚種広布説（後述）の主唱者として登場する。

オパーリンが描いた自然発生についての歴史のアウトラインは、この先ずっと一九七〇年代まで引き継がれ、教科書にも繰り返し述べられるようになるので、このあたりのことについては読んだり聞いたりした、という読者も少なくないと思う。くどくはなるが、一九三六年以降のオパーリンの著作にもおおよそ同じ形で表されるものであるので、この部分のオパーリンの記述を、もう少し続ける。

イタリアの学者スパランツァーニ（一七二九〜九九）は、「ニーダムの実験を繰り返し、……もっと長時間加熱すれば完全に滅菌されることがわかった。……スパランツァーニは、ニーダムの実験では液の加熱が不十分で、生物の芽胞が未だ存在していることを示した。ニーダムは反駁して、加熱が少ないのではなく、スパランツァーニが加熱しすぎ、乱暴に扱ったために、浸出液の〝生成力〟が壊れた、と言った」。

パストゥールの実験

その後、一世紀の間、自然発生を証明しようとする実験や否定する実験が試みられたが、どれも決定的ではなかった、とオパーリンは続け、「一九世紀半ばになって、フランスの天才的科学者パストゥールの実験によって、やっと、解決された」と書き、パストゥールが一連の実験で示したことを説明する。すなわち、微生物は至るところに存在し、空気は細かい芽胞を含んでいること、微生物が生じたというこれまでの実験は不完全な滅菌や芽胞の侵入に対して不完全な防御によること、空気の滅菌法。そして、「結局、パストゥールは、腐敗しやすい血液やワインのような液体を、長期に保存できることを示した」という。実際には、枯れ草の抽出液などには単なる煮沸では死なない胞子が含まれているが、それについての言及はなく、オパーリンは、次のようにこの節をしめくくっている。

ブックレット『生命の起原』(1924)の表紙

こうしてパストゥールの実験は、有機物の煎汁に微生物の自然発生が生じることはないということを、疑いなく示した。生物はすべて、芽胞から発達する、すなわち、自らの発端を別の生物から受け取っているのである。ところで、「それでは」どのようにして、最初の生物は現れたのか？いかにして、地上に生命は生まれたのか？

一八世紀から一九世紀にかけて行われた論争は、単に、実験的な問題であるばかりでなく、思想的なものとも関連していた。生物の個体発生についての前成的見解と後成的見解、生物進化の思想が、その主な二つである。胚はあらかじめ卵あるいは精子の中に形ができていて、それが大きくなるのだという前成的な見解は自然発生の否定と結びつき易く、無構造なものから次第に胚ができてくるとする後成的な見解は、自然発生の主張と結びつき易かった。また、進化思想は、自然発生の問題にもっと直接にかかわっていた。現在生きている多様な種々の生物は、より単純なものから長い時間のあいだに変化し、枝分かれして様々な種類ができてきたと考えれば、進化の跡を遡ってたどって行けば、極く単純なものに行き着く。そのはじめの「単純なもの」はどのようにして生じたのか、と進化説は素朴に問うのであったが、最初の生命が地球上で生じたのでない、とする考え方もあった。宇宙空間に生命の源が浮遊しているようなイメージでもあるパンスペルミア説がそれである。

パンスペルミア説の紹介　オパーリンの文章から引用しよう。

この説の創始者はH・E・リヒターである。空間には、どこにもかしこにも、天体から解き放たれた小さな固い物質の粒子（コスモゾア）があるという仮説から出発するが、その著者は、それらの粒子とともに同時に微生物の芽胞が存在している可能性を認めていた。こうしてこれらの芽胞が、たくさんの生物の棲んでいる天体の一つから、未だ生命の存在しない天体へ運ばれることが可能であった。もしそこにすでに、適切な温度や湿度というような好ましい生存条件があれば、その芽胞は生長し始め、発育し、その惑星で考えられるあらゆる生物の個有の型になり得る。

このようにオパーリンはパンスペルミア説を紹介したのち、それに対し、次のように展開する。宇宙から飛来した生命の源を想定する考え方は、ヘルムホルツ（一八二一～九四）やW＝トムソン（一八二四～一九〇七）のような傑出した科学者にも支持されたが、生命の芽胞が宇宙空間を飛来する間に受ける超低温や光線で破壊される可能性が大きいことを指摘しながらも、「こうした破壊が必ずしも生じないことを示す諸見解もあり得る。少なくとも、いずれかの天体の気圏にぶつかった芽胞のいくつかが、生存能力を保持した状態でその天体の表面にたどりつくかもしれない理由はある」ということを認める。とはいえ、オパーリンは無制限に寛大ではない。次のように言うのを忘れない。「しかし、パンスペルミア説は、単に地球上の生命の起原の問題に対する答にしかなっていない。一般的な生命の起原の問題の答には、なんとしてもなっていない。」

宇宙空間に浮遊する生命の源は一体どうしてできたというのか――それに答えなければならない訳である。

『生命の起原』3・4節――「生きている世界と死んだ世界」と「結合していない元素から有機化合物へ」

一般的な生命の起原の問題に答えるために、オパーリンは、まず生物と無生物の違いを考察してみせる。

生物と無生物

「有機体とその他の（無機的）世界の間の第一の顕著な違いは、その化学的な構成である。動物や植物、微生物のからだは非常に複雑な、いわゆる有機物質でできている」ということばで、オパーリンは次の第3節「生きている世界と死んだ世界」を語り出している。ここで、オパーリンの使っている「死んだ」（ロシア語ではミョールトヴィ）という語は現在から見れば、適切ではない。生物が生命《いのち》を失ったことを普通、「死んだ」と表現するが、オパーリンの見出し語の意味は、「生物界と無生物界」くらいの意味である。

生物体を構成している主な物質は、蛋白質と炭水化物である。それらを含む有機物は生物によってしか合成されないと考えられていたが、一八二八年、ドイツのヴェーラー（一八〇〇～八二）が尿素の合成に成功し、有機物合成の最初となった。有機物と無機物に本質的な違いがない、と認識されることになる。

生物の特徴とコロイド質

しかし、生物と無生物に違いがないのかといえば、そうではない。それでは、生物に特徴的な性質は何か？　「第一に、一定の構造、体制、次に、自分と同様のものを再生産する代謝の能力、そして、被刺激性」であるとオパーリンは答える。そして、その構造について、「すべての生きものの体は、小さなバクテリアや藻類に始まって人間まで、その体は一定のプランに従って作られている。その最も主要なのは外部の目に見える体制でなく、生物体を構成している細胞の原形質という微細な構造である。この構造は、一般的に、動物界、植物界のすべての代表者について同じなのである」という。

一九二〇年代、未だ電子顕微鏡は作られておらず、細胞内の構造や組織についての細かいことがらはほとんどわかっていなかったため、細胞のイメージは現代のものと全く異なる。オパーリンが頭に描いている像も極めて単純である。

生物が特徴的な形態を持つということに対し、無生物はどうなのであろうか。オパーリンは続ける。

「死んだものの世界、すなわち無機界［の物質］が決して、決まった形態を欠いている、すなわち無構造であるという訳ではない。決まった形態をとろうとすること、すなわち結晶を形成するのは、ほとんどの化学物質の特性である」。しかし、そうでないものもある。ゼリーやゴムや糊などがその例で、オパーリンは、当時、盛んになり始めた新しい学問であるコロイド科学に言及する。「一八六一年にイギリスの学者グレアムは、当時知られていた化学物質を二つの大きなグループに分けた。〝結晶〟と〝コロイド〟である。」

当時、生命の基本構造の単位である細胞の主要なところが〝原形質《プロトプラズム》〟であるとされていた。その原形質がコロイド質であることに注目し、生命の起原の問題の解明にコロイド科学が役に立つとオパーリンは考えた。肉や魚の汁の煮こごりが温度によって液状になったり固まったりすることに類比して、オパーリンは話をすすめる。

「煮こごりのつくりは、驚くほど原形質のつくりに似ている。残念ながら、現在までのところこのつくりは未だよく研究されていないため、この類似性についてなんら結論的なことをいうことはできない」と言いつつも、「煮こごりのつくりと原形質のつくりとは、基本的な違いはない」と楽観的である。

絶え間ない
吸収・構成・分解

「しかし、生きているものと死んでいるものの違いは、……体制《オルガニゼーション》にあるのではなく、……再生産する代謝と被刺激性という生物の能力にあるのかもしれない」と付言し、代謝のイメージを流水にたとえる。

結晶の形は一度形成されるや、その形は不変であるが、有機体《オルガニズム》［生物］は、常時その構成物が入れかわって新しい水の粒子がとぎれなく通過しているにもかかわらず、その形を一定に保っている滝にも較べることができよう。生きているものの体の構成物も、ちょうど同じように変わっているのである。有機体は外部環境からいろいろな物質を取り込む。多くの化学変化ののち、有機体はこれらの物質を同化する。異質だった化合物を自らの体の一部に置きかえるのである。これらの物質の収支で、有機体は成長し、発達する。

生物と滝の類比は、常にオパーリンの著作に表れるものであるが、有機体、すなわち生物とは何かというスケッチは、さらに続く。初期のオパーリンが持っていた生物像をおさえておくために、引用を続けることにしよう。

工場の仕事を続けるのに一定の燃料を焚かなければならないように、有機体の絶え間のない活動を維持するためには、有機体は燃さなければならない、すなわち、同化したその物質の一部を分解しなければならない。……呼吸や発酵という過程で、有機体は取り込んでおいた物質を破壊し、分解してできた産物は外部環境に棄てられる。このように、生命とは、絶え間のない吸収、構成、分解から成るのである。

生きている原形質の摂食過程も、コロイドと同様だとして、オパーリンは、さらに、生命に特有な〝力〟のようなものを持ち込むことを否定する。一九世紀に注目された「生命力」に対して機械的な見方を主張する。

いろいろな化学物質の溶液は、比較的単純な作用やよく研究された物理的な力の結果として原形質の中へ浸み込む。コロイドのゼラチンに働く力と全く同じである。原形質に入ると、素早く原形質から出ていく物質もあれば、化学反応に及んで原形質と結びつき、その一部となるものもある。そしてここにあるのは、全体として、単純な化学的な現象であって、〝生命力〟でなければ近寄れないような神秘的なものは何もない。

白金やミョウバンとの類比

「死んだものの世界でも、全体として物質代謝と全く似ている過程を見つけることができる」として、類比はさらに広がる。生命現象が物理化学的現象といかに違っていないか、オパーリンのダメ押しは、現在の目から見ると、いささか度を越している。「海綿状白金」を過酸化水素水に投入すると、触媒として作用する白金のおかげで「酸素の泡がすみやかに出はじめる。その泡は過酸化水素の分解で形成されたのであり……白金の重量はもとのままである」。この現象のメカニズムを説明したあと、オパーリンは、以下のように続ける。

この例は非常に単純ではあるが、代謝の全く完全な概要《シェマ》である。この中には、代謝の重要な場面がすべて揃っている。周囲の環境からの物質の吸収、同化、分解、分解産物の放出、である。ちょうど同じことが、どんな有機体でも起こっている。例えば、栄養液に沈んでいるバクテリアでも。

そして生物の場合はこの白金の役割を酵素が演じていると述べる。生物の特徴である自己増殖についても、無機物のモデル、ミョウバンの結晶と類比し、さらに、ダーウィンの進化論の中心概念である「生存競争」についても、硫黄の二種類の結晶を使って説明している。このようにオパーリンは、生命に、物理化学では説明できない特殊な性質があるとする考え方を、まず排除しなければならないと強く意識している。

生命発生の条件

オパーリンがこの一般向けブックレット『生命の起原』を書いた頃の生命科学の状態を思い描くのは簡単ではない。電子顕微鏡の像として細胞の中の微細な構造まで手に取るように明らかに見ることができ、遺伝の仕組みは細胞の核にあるＤＮＡのアデニン、グアニン、シトシン、チミンという四つの塩基の配列で説明される六〇年代以降の生命科学になじんでいる現代人にとって、一九二〇年代の細胞の概念、ショウジョウバエを使った実験で明らかになりつつあった染色体に並ぶ遺伝子《ジーン》という概念、の時代に立ち帰って、「生命力」を排除し、新しい生命概念を与えようとしているオパーリンを客観的に眺めるのは容易ではない。時にじれったくなるかもしれないにしても、もうしばらく、二四年版の内容を読み進んでいきたい。以後五〇年以上に渡る彼の思想の原初的なものだからでもあり、また、当時の生物学をはじめ、オパーリンが拠りどころとした物理化学、天文学など諸科学の状態を、それによって垣間見ることができると思うからでもある。

生物が、無生物と本質的に異なるものではない、というオパーリンの主張はまだまだ続く。生命現象と似たことが無生物でも観察できるとはいえ、生物をつくっている物質はどうなのか。

生きている有機体の特殊性というのは単に、種々の死んだ「生命を持たない」、無機のものの中にばらばらに存在する性質が、有機体の中ではたくさん集まり、非常に複雑に組み合わさって存在しているというだけである。生命は、なにか特別な性質として特徴づけられるのでなく、一つ一つの明確な性質の特殊な組み合せとして特徴づけられるのである。

このように、繰り返し、生命が物理化学のことばで理解可能なものであることを述べ、次のように第3節をしめくくり、第4節「結合していない元素から有機化合物へ」と移っていく。

われわれの惑星地球が存在するようになった非常に長い時間のあいだにはきっと、適切な条件が整って、その中で、それまでは結合していなかった性質が結びついて、生物を特徴づける組み合せが形成されたにちがいない。その条件を発見することが、生命の起原を説明することになるであろう。

生命の起原となるような条件の探索は、宇宙空間における物質の考察から始まる。宇宙から生命が飛来したと考えるのでなく、宇宙の物質の運動の結果としての地球上の生命の起原をこれから描こうというのである。

「何十億年も昔、地球は白熱のガスの雲のような形で存在していた」と、「太古のカオス」から、第4節は説き起こされる。壮大な物語の、いよいよ始まりである。

熱いガスが徐々に冷えて、地球の核が形成されていった。

　メンデレーエフの見解に従えば、地球の最初の核は、主に鉄のような重い金属で構成されたにちがいない。そして中心から離れるに従って、アルカリ金属、アルカリ土金属、半金属《メタロイド》［ケイ素など］があって、最後に気圏の外側の部分を最も軽い気体、主に水素が構成する。われわれが最も関心を持つ元素である炭素は、この図式《シェマ》では、地球の太古の核の中に、鉄と密接な関係で存在した。

炭素の起原

ドイツの物理化学者キルヒホッフ（一八二四〜八七）による分光分析の方法によって遠い天体の元素についての知識を得ることができることを述べ、太陽の周囲のガスについて記し、「地球も、太陽のような黄色い星という発達段階を経た」とし、そのころの地球の炭素のあり方を描く。「地球が黄色の星であった当時、炭素は、部分的には大気圏の最下層に白熱の蒸気の形で存在し、部分的には熱い液状の中心核に溶けた状態で存在していた。」

地球の温度が少し冷えて、「赤い星」になった頃、鉄カーバイドなどの形で地球の核の部分にあった炭素は地球の「殻にできた亀裂を通って地表に噴出してきた。そこ、地表で、鉄やその他の金属のカーバイドの塊は、現在の大気とは多くの点で異なる大気に出会った。水蒸気が特に多量であった。現在、地球のあらゆる海洋にある水の全量が当時は、超高温の蒸気の形で大気中に存在したのである」。

炭化水素の生成　大気中の水分についての知識など、現代科学によるものとは異なっているが、一九二〇年代までの地球物理や地球化学の知識に基づいて、地球上の化学物質の変化に注目している。

地表に流出したカーバイドはこの水蒸気に出会った。（中略）……カーバイドが地球の表面で水蒸気に会ったとき、［炭素と水素からなる炭化水素という］化合物が生じたにちがいない。もちろん、これらのうちのあるものは直ちに空気中の酸素で酸化され燃えてしまったにちがいない。……一定の部分（それも比較的小部分）の炭化水素だけが十分に酸化され、カルボン酸と水に変化した。

暗赤色の星に、実際に分光分析の調査の結果、炭化水素が存在していることが示されている事実、また、隕石にも炭化水素が含まれていることを述べたあと、地球上の最初の有機物が炭化水素であったことを確認する。

地球の生涯には、金属との結合から離れて水素と化合した炭素が、たくさんの炭化水素を形成した時点が存在した。こうした炭化水素が、地球上の最初の〝有機〟化合物であった。

炭化水素は、アルコールやアルデヒド、ケトン、カルボン酸などの有機酸を形成するが、生物体を構成する蛋白質の構成成分であるアミノ酸の要素である窒素についてはどうであろうか。

初期の窒素化合物

工業的な経験に基づいて、「白熱の条件下では、窒素と金属の化合物が非常に安定」であるため、地球の大気中でもそうした化合物が形成されたと考える。そして、

カーバイドと類似の性質を持つ、金属と窒素の化合物は、超高熱の蒸気の作用を受けて、窒素と水素の化合物であるアンモニアを形成する。……さらに、窒素と炭素の化合物形成の可能性を除外することはできない。この場合には、得られる物質はシアンとなろう。

というように、原始地球での単純な物資の形成から、種々の有機化合物の形成を述べていくが、ここでオパーリンは、ドイツの生理学者プリューガー（一八二九〜一九一〇）の、〃生きたタンパク質〃にはシアン類が含まれる、シアンは赤熱下で形成される、従って、「生命は火から生じた。生命の基礎は世界が未だ白熱であった時に由来する」という説を紹介したあと、それを批判する。

最近の研究では、プリューガーの、シアンが一義的役割を演じたとする考えは支持されない。……〃生きたタンパク質〃という概念さえ古くなっている。……しかし、……［プリューガーの］「生命は火から生じた」という基本的提案は揺るがないでいる。火の中でのみ、白熱下でのみ、のちに生命が生じる物質が形成されたのである。……重要なのは、［シアンや炭化水素のような］物質が、さらに発展し複雑さを増していく可能性を与えた化学エネルギーを巨大に保有していた、ということである。……このエネルギーという隠れた火が、来たるべき生命の基礎として役立つのである。

ここで第4節が終わり、いよいよ最後の生命誕生を説く第5節「有機物から生物へ」に入ることになる。

『生命の起原』5節――「有機物から生物へ」

中心テーマへ

オパーリンの一九二四年のブックレットの五つの節のうち四つまで、順を追ってたどって来たが、実際にオパーリン自身がこれをどう展開したかについて知る資料は、現在のところ発見されていない。一九二二年に口頭発表した会合のプログラムの表題や内容について知りたいところである。

明らかではないとはいえ、おそらく、二二年の発表の内容の中心テーマは、次の第5節であり、これまでの四つの節は、中心テーマを補い、第5節の主張を強化するために、二二年の発表後に書き加えられた、と想像することは可能であろう。

紹介した四つの節でオパーリンは、当時までの化学・地質学・天文学・生理学の知識を精一杯、利用し、引用して、自分の説の基礎を固めようとしている。確固たる自然科学の成果に照らして……と彼が考えていたと思われる。続く節が最後の推論によって、あるいは悪くいえば想像によって考えが展開する部分が少なくないだけに、これまでの四つの節がきちんと述べられ、説得力を持つことが必要と感じられたのであろう。

因みに二〇世紀後半に展開した宇宙科学、その他の科学によって、いくつかの前提が書き換えられなければならないことは明らかである。その一つ、始原地球がどのようなものであったか、それは現在でも議論のあるところで、断定的なことを書くことはできないが、一九二〇年代のオパーリンがイメージしたものとは異なっていよう。

煮えたぎる大洋で

地球が赤い星から次第に冷えて、「遂に、地球の表層の温度が摂氏一〇〇度にまで下がる時が来た」、と第5節は始まる。「降り止まぬ雨は、霧の大気から地表に降り注ぐ。豪雨は氾濫し、原初の煮えたぎる大洋という形で水の覆いを形成した」。

これまでに形成されていた有機物が溶け、相互に化合しあって複雑な化合物ができた。「地球上の有機物の凝縮（重合）の過程を、我々は化学実験室における研究によってかなり正確な描像《びょうぞう》に創りあげることができる。」

炭化水素基の酸化、酸化した炭化水素が相互に化合して複雑な化合物の形成、有機物の凝縮が実際に行われ、いろいろの物質の混合物が得られる、と繰り返し述べたあと、

> これらの混合物の中に、炭水化物やタンパク質の性質を持つ化合物……を見つけることさえあり得る。どちらも、生きた物質の構造において重要な役割を果たす化合物である。……他のもっと複雑なものと化合すると、いわば、生命の化学的基礎となる。

もし今のような地球上でこのような物質が生じれば、たちまち既存の微生物のエサになってしまうが、生物の存在していない地球上では、こうした物質の「転化」が長期に渡って蓄積した、と考える。「化学進化」ということばはまだ使われていないが、それに当たる概念として、「転化」が用いられた。

　これらの転化は主に、物質の濃縮と、次第次第に複雑化し大粒になる粒子の形成への方向にあった。

　……（中略）

　遅かれ早かれこれらの有機物のコロイド液が、地球の最初の水の覆いの中に生じたにちがいなく、一度生ずれば、その分子を段々と複雑にし大きくしながら、存在し続ける。

そしてやがてこのコロイド液の中に生命のもととなるゲルが生じると考える。

　……地球の全面積のどこかで、コロイド液からゲルの沈澱が生ずるような諸条件が〝偶然《スルチャイノ》〟組み合わさることがなかったとは考えられない。

このあたりが全く想像で描出されていることは論を俟たない。また、この〝偶然〟という語はしばしば引用されるところであるが、オパーリン自身が原文に〝〟を付していること、また「ゲルの沈澱」がキーワードともいえるが、多くの研究者が参照している英訳ではその点が明確になっておらず、その場その場で「ゲルの形成」「ゲルが沈澱すると」のように訳されていることを、指摘しておきたい。

次に一例を挙げる。

ゲルの沈澱の瞬間、すなわち最初に生まれたゼリー形成の瞬間が、生命の自己発生の過程における非常に重要な段階である。この瞬間に、その時まで構造のなかった最初の物質が構造を獲得し、有機物から有機体への移行が生じた。

ここでは敢えて原語に忠実に、「ゲルの沈澱」「生命の自己発生」と訳した。この「自己発生」は第1節の表題にある原語「随意の」に当たる形容詞が削られているため、オパーリンは一九世紀までの自然発生説との混同を避けたのであろうと解釈して、そのような日本語を当ててみた。こうして誕生した「最初の生物」は、「自ら栄養をとる能力、外部環境から物質を吸収し同化する能力」を持っていたにちがいない、とオパーリンは、ことばを続ける。

「最初の生物」と訳した語についても、適切な日本語に訳すのはむつかしい。英訳では、the first organism, primitive organism, the original organism などと表現されている。オパーリンの最初の思想を知りたいと思う場合には、英訳では細かいところが明確にならないと感じられる。

自然選択と生命の誕生

最初の有機体が確立された生物になっていく過程に、選択というメカニズムを採用している。これは、ダーウィンの進化論の中心的な考え方である。

海の中のコロイド液の、いろいろのところにできたゲルは成長の速度に差があって、壊れて消えてしまうものも、二つの片に分かれるものもあったが、こうしたことが「多年、繰り返され」、一つのゲルの構造は、その中で生じたすべての変化を伴って、このゲルの分裂に際して生じた片々に受けとられ、継承された。生じた片は再び、さらに成長し、その構造は再びなんらかの形で変化を受け、この変化はまた、遺産として引き継がれた。

しかし、この変化の過程で、常に、よりよく構築された片の選択が進行した。

そして、徐々に、世代を繰り返し、「ゲルの物理化学的構造の向上」が行われ、発酵や呼吸というエネルギー獲得系が整ってきたと考える。オパーリンはこれを、現生の生物についての比較研究に基づいて論じているが、当然のことながら論自体は推測によるものである。

物質代謝の能力を備えた幸運者の間にも、恐ろしい生存闘争が起こった。生きる闘いでなく、死ぬ闘いが。外部環境における栄養のある有機物は次第次第に残り少なくなってきていたからである。ある者はとっくに有機体に取り込まれてしまい、ある者は呼吸や発酵の過程で分解し、燃えつきた。

そして、さらに、

生命が前進すればするほど、有機体が自分のものにできる栄養物が残り少なくなり、生存闘争が強く激しくなればなるほど、「自然選択」はより厳しくなって、弱者・落伍者を掃き捨て、最も完全なものだけに生命を与えた。

生命の誕生が描写されて、この赤味を帯びた粗末な表紙の『生命の起原』も、終わりに近づく。「生命の起原」という語は、この七〇ページからなるブックレットの終わりから五ページ目に登場する。

『生命の起原』第1節「自然発生説」の冒頭、このブックレットの導入的な部分には、「生命の起原についての問題は、最も複雑であると同時に、最も興味深い」と書かれている。しかし、六六ページに登場するそのことばは、特に力の入った記述でなく、「生命の起原についての仮説に」現生の生物の内部構造についての知見が合致する、ということが述べられる中で使われている。微生物の細胞は高等動植物に比べると単純であるが、それは、「微生物が、最古の有機体の種類の直接の子孫である」から、と説明が続く。

ここまでで、オパーリンの基本的な考え方は出揃ったといえよう。宇宙における物質の変化、地球の形成、地球上の物質の変化や有機物の形成、コロイド液とゲルの生成、その中で生物に成りゆくものの生存闘争、自然選択の結果としての生命の誕生。しかし、現生の生物を大きく二分している二つの栄養形態、独立栄養と従属栄養の問題が残っている。

独立栄養生物と従属栄養生物　このブックレットは、オパーリンの生命起原論の概要を述べたものであると同時に、一般の広い読者に向けたものであった。従って、文献表などは一切、付されていない。そのため、この当時、どのような議論があって、オパーリンがそれをどう捉えていたのか、という点については、ブックレットだけを見ていたのでは明らかにならない。一九三六年の学術的な著作を見ると、当時までの微生物学者が、無機物を吸収して自ら体内で有機物をつくる独立栄養の微生物が、地球上にまず生じたという見解を表明していたことがわかる。ヴィノグラツキー（一八九六）、オズボーン（一九一八）、オメリャンスキー（一九一二）の名を挙げている三六年版についてはのちに述べることにして、二四年版にもどろう。その終わり近くに、「有機体のかなりの部分――バクテリア、菌類、動物――が有機物からのみ栄養をとる。最も下等な生物も、このような栄養形態を持っている」ことから、有機物を吸収する従属栄養の生物がまず現れたのだ、と注意を促している。

このことは、有機物による栄養の方法が最も古く、栄養の最初の方法であるという考えを完全に裏づけている。自ら行う〝独立栄養の〟摂取の能力は、内部の物理化学構造の一連の変転の結果、後になってはじめて発達したのであろう。

そして、われわれに最も身近な緑色植物が太陽の光のエネルギーを吸収することによって空中の二酸化炭素から有機物をつくることを述べたあと、その栄養の摂取は完璧であるが非常に複雑であるとし、重ねて、次のようにしめくくる。

その存在に不可欠な非常に複雑な物理化学的装置は、長期に渡る細胞の一連の変転の結果としてのみ創造され得たことは疑いない。従ってわれわれは、それが最も後発で最も若い栄養形態であると見なさざるを得ない。

自然科学の未来への夢

長々と紹介したこの二四年のブックレットも、ようやく終わりに到達した。小冊子であるのに、これほど引用を多用したのは、前述したようにこれがほとんど紹介されていないことに加えて、これがその後五〇年に渡って展開されるオパーリンの理論の原点だからである。そして、これがそれ以後の理論と趣きが異なって、機械論的な生命観が打ち出されていることも示したかったからである。まだ三〇歳になるかならないかのオパーリンの若い情熱を一つ一つの言葉から、感じとられるかと思ったからでもある。

この章ですでに引用した部分といくらか重複することになるが、最後に、自然科学の未来への夢を語る結びのことばを掲げておきたい。

これで、生命の起原についてのわれわれの考察を終わる。最初の星雲の白熱した炭素原子から、現在の生物までの長い道のりを頭の中で通りぬけた。……われわれは未だコロイドのゲルの造りについてほんの少ししか知らないし、原形質の物理化学的構造についてはもっとわずかしか知らないが、このわれわれの無知は、確実に、一時的なものでしかない。今日わからないことは、明日わかるようになる。生物学者の全軍が生物の造りと体制を研究しており、同じくらいの人数の物理学者と化学者が日々、死んだ物体［無生物］の新しい特質をどんどん明らかにしてくれている。二つの対極から掘り進んでいく工夫の二つの隊のように、一つの目標に向かって突進している。……生きるものと死んだものを仕切っている最後の障害は崩れ去る。

ブックレットから学術的な著作成立へは、大きな跳躍である。一二年の間に、口頭発表から数えれば一四年の間に、オパーリンの生命起原論はただそれだけでなく、生化学の最新の教科書という側面も備えていく。

一九二〇年代のソ連

ここで今一度、当時のソ連社会を思い起こしてみたい。一九二一年、反革命の陰謀に参加したとして詩人グミリョーフが銃殺された。その年と翌年、大飢饉がロシア全土に広がり、ウクライナだけでも一〇〇万の犠牲者が出、アメリカなどからの救済も行われた。「共産主義とはソヴィエト権力と全国の電化」というレーニンのことば（一九二〇）の具体化、大工業建設のための動力源としての電化計画（ゴエルロ）が動き始め、資本の集中的な投下が行われることになった。二二年、スターリンが書記長に就任し、レーニンの死の翌年、トロツキーは軍事人民委員を解任され、二七年、党を除名される。

一方、文化的な情況は、「ロシア‐アヴァンギャルド」の第二の波といわれる時期に当たり、活発な動きを見せていた。

一九二〇年一二月、「第三インターナショナル‐モニュメント」として画家タトリン（一八八五～一九五三）の設計によるらせん形の五mに及ぶ、斬新な建造物が展示された。前の年には画家マレーヴィチ（一八七八～一九三五）がシリーズ「白の上の白」を提示し、続いて「黒い十字架」などの幾何学的な作品を発表していく。オパーリンの『生命の起原』執筆時期に当たる二三年には、芸術左翼戦線の雑誌「レフ」が、詩人マヤコフスキーらによって創刊される。エイゼンシュテインは「レフ」誌上にモンタージュ論を発表する。

しかし、革命前からの文化史、芸術史の中でのロシア・アヴァンギャルドは二〇年代末以降、抑圧され、活気を失っていく。二七年一二月のソ連共産党第一五回大会は、一つの時代を画することになった。五ヵ年計画の作成が指令され、農業の集団化が決定され、スターリン反対派が除名された。二九年、トロツキーは国外に追放された。スターリン独裁時代の幕開けである。

暗い時代へ　この時代の前後を象徴的に表す人物として、メイエルホリド（一八七四～一九四〇）がいる。メイエルホリドは、スタニスラフスキーによって創設され、チェーホフ劇の上演で知られたモスクワ芸術座を一九〇二年に退団、独立し、粗末な建物を借り受けて劇場を創設した。二〇年一一月七日、革命三周年記念日の催しでは初演の最中に、政治集会の趣きを呈する場面もあった。実験的、前衛的に過ぎる演劇は批判されて劇場は翌年閉鎖されるという事態もあったが、メイエルホリドは、スタジオ「演出工房」で指導に当たった。「ビオメハニカ」と呼ばれるその演出方法は、人間の身体の構成要素のメカニズムに基礎を置くもので、俳優たちは、アクロバットのような演技を要求された。ビオメハニカとは生体力学という意味にもなる、生物や身体を機械と見る見方にも通じよう。

二三年、メイエルホリドは「人民芸術家」の称号を贈られ栄誉を受け、彼の名を冠した劇場もつくられて、モスクワ演劇界の中心的存在ともなるが、二八年以降、マヤコフスキーによる鋭い諷刺を含む戯曲の上演には、新聞・雑誌などからは酷評のつぶてが飛んだ。文相ルナチャルスキーは二八年解任され、三〇年、マヤコフスキーは、メイエルホリド劇場でその作品「浴場」が初演されたのち、ほどなくしてピストル自殺（疑問もある）、メイエルホリド自身はアヴァンギャルド最後の砦のように非妥協的であったという。三六年、親しい作曲家ショスタコーヴィチのオペラに対する批判が「プラウダ」に発表され、翌年、メイエルホリド批判論文が出た。社会主義リアリズムが強調される中で彼の演出は「形式主義」とされたのであった。三八年、劇場は閉鎖され、翌年モスクワで開催された全ソ演出家会議で自己批判が求められた。それを拒否し、反批判したメイエルホリドは逮捕され、四〇年に銃殺、ということになる。

生き生きと活気に満ち満ちた二〇年代のソ連の文化運動は、急速に凍結していった。オパーリンの生命の起原論が二〇年代初めに手がけられ、三〇年代半ばに唯物弁証法の装いをこらし、学術書として世に出ることを思い併わせると、ソ連の二〇年代は短くはあったが意味深く、一筋縄では理解できない。ふくらみかけた芸術の蕾は開花しないまま首を垂れた。自然科学はどうであったのか。ここですぐ思い浮かぶのは、遺伝学者N＝I＝ヴァヴィロフ（一八八七〜一九四三）の運命であるが、少し廻り道をして、生命についての議論にもどることにしたい。

進化論と宇宙論の流れの中で

生命の起原は

いくつかの科学史の書物を繙いて、オパーリンの生命起原説を探そうとすると、しばしばそれが微生物学や自然発生説の流れの最後に位置づけられていることが多い。それはオパーリン自身が小冊子《ブックレット》でも三六年の本格的な著作でも学説の前史として、自然（偶然）発生説の長い歴史をまず語っていることとかかわっている。古代以来の、あるいはもっと古くからの、人類の素朴な問いである「生きものはどこから？」を思い併わせてみると、自然発生説とのつながりは自ずと理解できることではある。

しかし、オパーリンの生命起原説は二〇世紀の科学の課題であって、本来、進化論の流れの中に位置づけられるものである。生物の自然発生の問題も、一八世紀以降については、進化思想との関連で考察し得るし、一九世紀後半以降はなおのこと、である。

従ってここでは、進化論の歴史上の問いと答として生命起原説を概観し、オパーリンの考えの由来を、自然発生説の検討との関連においてだけでなく、進化思想史の問題として捉え直してみたい。

二四年の小冊子《ブックレット》がアリストテレスの自然発生説への言及で始まっていることは、すでに見てきたが、目に見える動植物の自然発生が成立しないことは、基本的には一七世紀までに明らかにされていたし、顕微鏡的な微生物についても一九世紀のうちに自然発生は否定されていた。とはいえ、生きものが地から涌いたか天から降って来たか――議論は幾度となく繰り返された。オパーリンは、自然発生説に対してばかりでなく、宇宙からの飛来説についても同様に読者に開示し、それに対して疑問を呈示していた。

二四年版には挙げられていない人物ではあるが、オパーリンが生命の起原を考察する一つの契機となったかもしれないものが、コストィチェフの飛来説であったことは、二二年の植物学会での発表との関連として述べておいた。天から降って来たとする考え方は、時代が降っても消滅する気配なく、二〇世紀終わり近くなっても、度々現れている（F・ホイル、N・C・ウィックラマシンジ著、大島泰郎訳『生命は星雲からやってきた』、F・クリック著、中村桂子訳『生命　この宇宙なるもの』）。オパーリンの若い時代にも生命の由来についての問題は飛来説（胚種広布説《パンスペルミア》）を無視できなかったし、むしろ、それを意識して生命起原の問題を取り上げた、と考えることもできるのである。

従って、オパーリンの生命起原論が、もし、微生物学、自然発生説の歴史の最後に付されるものとオパーリン自身が考えていたと理解されるとすれば、それは大いなる誤読であろう。オパーリンの著作のどの目次を見ても、それははっきりしている。

自然発生の可能性

アリストテレスの時代にも、生物は、親の産んだ卵や親の胎内から生まれることは、当然のことながら知られていた。アリストテレスが取り上げているホタルなどの昆虫やウナギなど魚類で、その生態がよく観察されていないものについて、自然発生の可能性を認めることは驚くに当たらない。一つ一つの動植物の種すべてを神がつくって、その子孫が連綿と生き続けているという個別創造説が中世の間、一〇〇〇年以上に渡って信じられてきたのと、どちらが驚くべきことであるか、簡単に言い切ることはできない。そうしたことが博物学上の基本的な問題と認識されたのは一七世紀以降であるといえよう。

また個々の生物がどのようにして生じたか、という個体発生の問題、その親は子に何を用意して与え、子は何を引き継ぐのかという生殖や遺伝の問題、そして、各々の生物の祖先へ遡って系統をたどるとどうなっているかという問題、それらは一九世紀半ばまで、区別のはっきりしない、から み合った問題であり、発生・遺伝・進化は一つの問題でもあった。そして、もし、神が個別に生物種をつくったのでないとすれば、系統を遡って行き着いた最初の個々の種はどうなっていたのか、そもそも生きものははじめどのくらい種類があったのか、生命はどのようにして生じたのか、分離できない一連の問題であった。

一八世紀のフランス思想の中で　生命はどのようにして生じたのか。古代以来幾度となく繰り返されたこの問いは、一八世紀啓蒙思想下のフランスでも復活した。それは宇宙と自然の歴史的な見方の中に、自然発生の考えとして再び現れた、といった方がよいかもしれない。

進化思想家の一人、ビュフォン（一七〇七～八八）は、地球の生成について述べ、地球の歴史を前提として生命の歴史を考察した。彼は、きちんとした構造のない粒子が自然界で生命を持った微生物をつくり出すと考え、ニーダムと実験を行ったし、ディドロやドルバックも、本質的に活動的なシステムである宇宙、その中での生命の発生を必然的なものと考えた。物質の形態は、粒子を結合させる親和力に支配されていて、生命の自然発生も化学反応のように、物質同士の適切な結合から成立するとした。

進化思想はフランス啓蒙思想の中で生まれたともいわれるが、それを受容したイギリスのエラズマス＝ダーウィン（一七三一〜一八〇二）も、ビュフォンに似た生命の自然発生を考えていた。一九世紀に入って間もなく『動物哲学』（一八〇九）を出したラマルク（一七四四〜一八二九）は、

　自然が生物を順次つくりだしたものとすれば、もっぱらいちばん単純なものからはじめたのであって、動物界なり植物界なりの、体制がもっとも構成的なものは最後にやっと生みだされたのだ、と考えて当然である（高橋達明訳）。

というように、生物の進化を遡っていった点に、単純な生命の生成を想定している。しかしラマルクは、生命は常に前進的に進化しているため、最も単純なものは、常に生成され補われている、と考えていた。

ダーウィンのイメージ

その五〇年後、進化論の確立者といわれるチャールズ＝ダーウィンは、その点、全く異なっている。最初にだけ、生命の生成があった、と考える。『種の起原』の最後の章から引用すると、「私は類比によって、かつてこの地球上に生存した生物はすべて、おそらく、生命が最初に吹きこまれたある一個の原始形態から由来したものであろうと、推論せざるをえない」といい、本の末尾に繰り返し、

生命はそのあまたの力とともに、最初わずかのものあるいはただ一個のものに、吹きこまれたとするこの見かた、そして、この惑星が確固たる重力法則に従って回転するあいだに、かくも単純な発端からきわめて美しくきわめて驚嘆すべき無限の形態が生じ、いまも生じつつあるというこの見かたの中には、壮大なものがある（八杉龍一訳）。

この惑星、地球の上に生じた単純な生命体から複雑な様々な形態が出現したことを印象深く表現している。これとは別にダーウィンは、私的な文書ではもっとはっきりと、大胆に地球上の生命の起原を描出している。植物学者フッカーに宛てた手紙で、かつて生命を出現させた条件（温かい水たまり《ウォーム・リトル・ポンド》、アンモニア、リン酸塩、火、熱、電気など）が現在、整えられて生命が生じようとも、今は既存の生物の餌食になってしまって、無生物から新しい生命が生ずることはあり得ない、と、全体としては否定的な文脈の中ではあるが、最初の原始形態の成立を思い描いていたことは

確かである（一五三ページ参照）。

「かくも単純な発端から無限の形態が生じ」　ダーウィンが、宇宙とわれわれの惑星である地球と、その上での生命の発生、という問題について持っていたイメージは、オパーリンのそれと重なるものであった。

それでは、時間、地球の年齢はどれほどに見積られていたかが問題になる。キリスト教世界では天地創造からの時間を六〇〇〇年程度としていた。一八世紀のビュフォンは熱した鉄球の冷めるまでの時間から類推して、地球の年齢を七万年程度と考えていた。ダーウィンは、億の単位で考えた。

一つの種が他のちがった種を誕生させたということを、われわれがとかくみとめたがらないおもな原因は、中間的な諸段階の知られていない大きな変化をみとめるにはひまがかかる、ということである。……われわれの心はたぶん何億年という言葉の完全な意味を把握することはできないであろうし、またほとんど無数といってよい世代のあいだに集積した数多くの軽微な変異を加えあわせてその完全な効果を知るということもできない（ダーウィン、八杉龍一訳『種の起原』）。

ダーウィンはこの見積りを地層の推積や削剥の厚さから行って、「第二紀の後半から三億年以上ものながい年月が経過したということが、ひじょうに確からしくなる」と述べている（「第三紀」は現在の地質年代区分では使われていない。現在の区分の中生代は二億二五〇〇万〜六五〇〇万年前、そのあとの第三紀、第四紀が新生代に入る）。

地球の成因についても、ビュフォンは、巨大な彗星が太陽の表面をかすめるように衝突した結果、太陽表面の物質がはじき出されてできた、と考えた。ダーウィンの時代には惑星の成因について、カント＝ラプラスの星雲説が唱えられていた。そしてオパーリンが生命の起原の問題への取り組みを開始したときには、J＝H＝ジーンズ（一八七七〜一九四六）の考え方が採用されていた。オパーリンは、二四年の小冊子《ブックレット》には記していないが、三六年の著作ではジーンズの潮汐説に依拠している。二、三〇億年前、太陽に衝突せんばかりに接近した星の影響で、潮波のように太陽から「分離した物質の流れが長い熱い糸状の星雲を形成して空間にかかったまま太陽にひきつけられて」葉巻状に中央部が厚くなったが、それが集まった結果、太陽系の惑星ができた——これがオパーリンの採用した見解であった。

このようにして太陽系に生じた惑星、地球上の生命の起原を想定するとしたら、どのような筋書きが可能か、オパーリンはそれに応えようとしたのである。それはまさに、ダーウィンの「この惑星が……回転するあいだにかくも単純な発端から……無限の形態が生じ、いまも生じつつあるというこの見かたのなかには、壮大なものがある」といった、その見かたにつながるものである。オパーリンの学説が思想の流れとしては、宇宙と生命の進化の研究史と結びついていることが、いくらかは明らかになったのではなかろうか。

Ⅳ　激動と凍結の中で

一九二九年一一月……日本に向かった。もっとも驚くべきこと、それは……植物が際限がないといえるほど形態上の多様性を示していることである――ヴァヴィロフ「日本の旅」より

遺伝学者ニコライ＝イヴァノヴィチ＝ヴァヴィロフが資源植物調査のために世界を巡った旅の中でも、特に印象深く日本について記録している。ヴァヴィロフはいろいろな意味で、オパーリンと比較される学者でもある。

化学者メンデレーエフ、生理学者パヴロフなど一九世紀から二〇世紀はじめにかけて活躍した科学者と、ソ連時代に活動期のあった科学者とは、別の生き方を要したのであろうか。

イギリス発の「生命の起原」

ホールデンとオパーリン　一九二九年、モスクワからは離れた地で、ロシア語とは異なる言語で、しかし、オパーリンと同じように広い読者に向けて、The Origin of Life という記事が発表されていた。まさに、「生命の起原」という、オパーリンが五年前につけた表題と同じ意味であった。「一五〇年ほど前まで、生物は恒常的に死んだ物質から生じると、広く信じられていた。ウジは、傷んだ肉から自然に生まれると考えられていた。」その著者、イギリスのJ＝B＝S＝ホールデン（一八九二〜一九六四）は、このように文章を書き起こし、オパーリンが二四年の小冊子《ブックレット》に書いたように、一七世紀のレディ、一九世紀のパストゥールに言及した（本書第Ⅲ章参照）。

ホールデンの論文は、オパーリンの二四年の小冊子《ブックレット》の五分の一ほどの短いものであり、節の区分もない。単純に比較することはできないが、「生命の起原」などという、ともすれば、「まともではない」と思われてしまいそうな問題を取り上げている点は、オパーリンと同様である。しかし、始原大気の組成として二酸化炭素を想定し、それに紫外線が作用すると考える点などに違いはある。

ホールデンは、生理生化学から出発し、三〇年代、集団遺伝学の確立者の一人となる。この文が出たのは「ラショナリスト・アニュアル」誌で、ホールデンは一九二四年以来の定期的な寄稿者であった。四〇年からイギリス共産党機関紙「デーリー・ワーカー」の編集にも携わり、晩年はインドの国立生物学研究所などで遺伝学・生物測定学の部長を務めた。

ホールデンの「生命の起原」は、パストゥールについての記述の終わりに、

その生前にも、彼の実験から引き出した結論のいくつかは誤りであることが示された。彼は、アルコール発酵が生命なしにはあり得ないといった。ブフナーは、細胞なしに、死んだイーストの抽出液でそれ［発酵］を得た。そして、彼の死後、生命と物質とのギャップは、著しく狭まった。

と述べ、オパーリンが二四年の著作の中で述べたように、生物と無生物の差異の小ささを強調している。ホールデンは、一九一〇年代に発見されたバクテリオファージについての知見をもとに、桿菌《バチルス》、バクテリオファージ、バクテリオファージにつく〝ノミ〟の大きさを比較し、「バクテリオ

ファージのノミは、原子の大きさであろう」とも言っている。いずれにしても、この時代、生物と無生物の間の距離が狭まったように感じられたことは間違いないであろう。そして、ホールデンの文の中にも「死んだ物質《デッド・マター》」という表現がある。「生きている物質と死んだ物質の間の鎖の環は……原子と細胞の間のどこかにある」というのであるが、オパーリンにあるのと同じく、このdead matter《デッド・マター》は、無生物を意味している。

この二人の、「偶然の一致」は興味深いがそれと同じく、二人の「すれちがい」も記す価値があろう。

ホールデンは彼の生命起原説発表前、ソ連の遺伝学者ヴァヴィロフの招きで訪ソしている。しかし当時、ホールデンとオパーリンが出会うことはなく、六三年秋、二人はアメリカでようやく会うことになる。ホールデンの死までは、一年余しかなかった。二人の若い時代の「生命の起原説」に表れた類似を見る時、この二人の学者のすれちがいは感慨深い。

二四年にはホールデンはすでに集団遺伝学に関する最初の論文を書いており、その後の方向は決定しつつあった。「ダイダロス」（一九二四）や「最後の審判」（二七）のようなSFも書いて、多彩な執筆活動を展開したが、学問的な彼の関心は進化の動力学《ダイナミクス》にあったにちがいない。オパーリンは、その本来の研究の中心には、植物生理化学があった。アカデミックな世界の人と人とのつながりという点では、二人の間には大きな隔りがあったといえよう。

青年時代に二月革命、十月革命を経験し、ソヴィエト連邦樹立（一九二二）後に『生命の起原』

を書いたオパーリンと、一時期イギリス共産党員であったホールデンを併せ考えると、生命の起原の問題を取り上げることとマルクス主義の洗礼を受けることが何か関係があると考えられるかもしれない。しかし、それは必ずしも必要ではない。

神が天地創造のあと一つ一つの種《スペーシーズ》を創造したとする旧約聖書の個別創造《スペシャル・クリエーション》を信じる場合には、生命の起原は当然のことながら問題にならない。その点で、唯物史観に立つマルクス主義者はそれを問題にし得る、というだけである。

生命はどのようにして生じたのか、と問うこと自体はギリシアの自然学者の考察を見てみれば、決して新しい問題でないことがわかる。キリスト教が学問を支配する世界になって、問われざる問題となったといえよう。

生命の起原についての考察が、進化論の一部として存在したことは第Ⅲ章五節に述べた。オパーリンもホールデンも、その問題を取り上げた一番の基礎は、彼らがダーウィニズムに強い関心を持っていたところにあると思われる。オパーリンが青年時代にロシアのダーウィニスト、チミリャーゼフに強く惹かれたことは、Ⅱ章で述べたが、ホールデンが集団遺伝学に進んだこともダーウィニズムとの緊密な結びつきを示している。

「熱くて薄いスープ」

「生命の起原」についての説は同じではなかった。ホールデンの説とオパーリン説のちがいの一つは、始原生命の炭素源として、オパーリンはメタンなどの炭化水素を想定したのに対し、ホールデンは二酸化炭素を考えたことである。

紫外線が、水と二酸化炭素とアンモニアの混合物に作用すると、糖や、明らかに蛋白質をつくり出すいくつかの物質を含む広範な多様な有機物質ができる。……今日の世界では、このような有機物質……は微生物によって破壊される。しかし、生命の起原以前には、それらは蓄積され、始原海洋が、熱くて薄いスープの濃度に達するまでになったにちがいない。……最初の生命先駆け隊は、かなり多量に有効な食物を見つけることができたし、生存闘争の競争者はいなかった。

無機物から有機物ができ、それが海水に蓄積すること、その中でその有機物を吸収するものが出てくることなどは、オパーリンの考え方と基本的にかわらない。さらに、「始原大気は、ほとんど、あるいは全く酸素を含んでいなかったから、酸化とは別の過程……発酵によって成長に必要なエネルギーを獲得したにちがいない」という点もオパーリンと同様である。

ダーウィンが「温かい水たまり」と言い、ホールデンが「熱くて薄いスープ」と言っているのもおもしろい。オパーリンは、「コロイド液」であった。ホールデンのイメージと、濃度のちがいはあるものの本質的なちがいではないように思われる。

少し道草を食いすぎたかもしれない。オパーリン、ロシア、ソ連にもどろう。イギリス発の生命起原論が出た一九二九年は、アメリカの株暴落をきっかけに世界恐慌が起こった年であるが、ソ連でも五ヵ年計画の開始や、トロツキーの国外追放など大きな曲がり角を示している。

　表面上の華々しい工業化や集団化による農業の大規模化、その反面、三四年のキーロフ暗殺事件に始まり、三七年のトゥハチェフスキーら赤軍幹部の処刑、三八年の政治理論家ブハーリンらの処刑と続く大粛清。人々の心は凍結する。

ロシアの科学者たち

ロシア・ソ連の書物は、多くの場合、目次が後ろについている。その習慣はフランスの本のつくりを模したものといわれる。

ロシア科学アカデミー　ロシアは、ヨーロッパにおける自国の後進性を常に意識せざるをえなかった。ピョートル大帝（在位一六八二～一七二五）の時期、ヨーロッパ文明を取り入れ、新都ペテルブルクを建設した。そして、ヨーロッパ各国に倣って科学アカデミーを設立した。一八世紀から一九世紀にかけてアカデミーはロシア科学の中心となった。周期律の発見者メンデレーエフも、動物生理学のパヴロフも、地球化学のヴェルナツキーもペテルブルクに学んだ。そして、メンデレーエフ、パヴロフはドイツに留学し、ヴェルナツキーはイタリア、ドイツ、フランスに留学した。

ロシアのダーウィニズムの大家チミリャーゼフもペテルブルク大学に学んだあと渡欧し、ハイデルベルク、パリに学んだ。

J＝B＝S＝ホールデンが生命の起原について発言したその根源は、進化論を確立したチャールズ＝ダーウィンに遡ることができるが、オパーリンの場合にはどうなのであろう。すでに（第Ⅱ章）述べたようにロシアのダーウィニスト、チミリャーゼフにたどることができるのはいうまでもないが、それでは、その根を支えるロシア科学の土壌とはどのようなものなのか。ここで、その主だった科学者たちの肖像にしばし目を遣ってみよう。一九世紀後半から二〇世紀初頭にかけて活躍した人々である。

化学者メンデレーエフ

一九世紀はロシアの最も輝かしい時代であった。プーシキンに始まるロシア文学の巨匠たちが次々と現れたが、科学の世界で最も有名なのは、化学元素の周期律の発見者ドミトリー＝イヴァノヴィチ＝メンデレーエフであろう。いろいろな物質はそれぞれ異なった性質を持つ。しかし、原子量をもとにすれば、元素は似た性質を持つグループに分類することができる。そして、元素の性質は原子量の周期関数である、という化学の最も基本的な法則を発見（一八六九）したメンデレーエフは、当時の首都ペテルブルクで活動した。彼の主著『化学の原理』（一八六八〜七一）は古典的名著とされる。

メンデレーエフ（57年版より）

物質とは何か、につながる最も基本的な業績は多方面に大きな影響を与えたことは間違いないが、彼の石油などの研究はロシアにおける産業経済全般への関心にもかかわっていった。メンデレーエフは、石油が炭化水素から無機的に生成すると考えた。この考えは誤りであったが、のちに生命の起原を考察していたオパーリンに影響を与えることにもなった。

メンデレーエフの父は学校教師、母は商家の出身であったが、同時代のアレクサンドル＝ミハイロヴィチ＝ブトレロフ（一八二八〜八六）は下級貴族の出身であった。メンデレーエフ同様、ペテルブルクで活動し、有機化合物の構造についての理論の確立に貢献した。

生理学者たち

メンデレーエフによる周期律発見は一八六九年であるが、一八六〇年代というのはロシア史の上でも独特な時期とされる。六一年に出された農奴解放令に続いて、アレクサンドル二世の治下、六四年の選挙制度を含むゼムストヴォと呼ばれる地方制度の改革など、諸々の改革が行われた。文化的な表れとしては、四〇年代の世代と六〇年代の世代の相克を描いたツルゲーネフの『父と子』に象徴される。

イヴァン＝ミハイロヴィチ＝セーチェノフ（一八二九〜一九〇五）の『脳の反射』もこの時期の代表的な業績といえよう。ロシアに実験生理学を根づかせたのはセーチェノフで、彼は、ベルリンでデュ＝ボワ＝レモンに電気生理学を学んだあと、ハイデルベルクでヘルムホルツやブンゼンに学んだ。ヨーロッパ随一の生体解剖の名手といわれたクロード＝ベルナールのもとにも出かけた（六二）。カエルの脚を酸につけると脚を引っこめる反射運動を、脳の特定の部位を刺激することによって抑制することができるという実験結果をもとに、制止が重要な行動の原理であると論じたのが『脳の反射』であるが、「唯物論的で……道徳を退廃させる」との理由で発禁にされそうにもなった。

セーチェノフはダーウィンの『人間の由来』の翻訳者の一人でもあり、急進的人物と目され、晩年は冷遇された。

セーチェノフよりかなり年下であったが、親交を結んでいたイリヤ＝イリイチ＝メチニコフ（一八四五～一九一六）は、日本ではヨーグルト飲用の推奨者として知られているが、ハリコフ大学卒業後、ドイツ・イタリアに学んだ病理学者で、細胞の食菌作用を発見した。

早くからのダーウィニストでもあったメチニコフは『種の起原の概要』（一八七六）でダーウィン学説を批判的に紹介し、進化論に基づいた比較発生学研究を行っていた。帝政政府の反動的大学行政に反対してオデッサ大学を去り、のちパリのパストゥール研究所に迎えられた（八八）。一九〇八年免疫に関する研究でノーベル賞を受賞したのはフランスの生理学者としてであった。

ペテルブルクの微生物学者セルゲイ＝ニコラエヴィチ＝ヴィノグラッキーも一九一二年、パストゥール研究所に赴いたが、彼の初期の硝化バクテリア（独立栄養）の発見は、生命の起原の議論にかかわる。オパーリンの三六年の著作から引用すると、

ある種のバクテリアは鉱物質のみを栄養分とすることができるという発見は学者の特別の注意をひいた。それは、その種のバクテリアがアンモニアの亜硝酸及び硝酸への酸化、硫黄の硫酸への酸化または鉄の鉄酸化物への酸化発熱反応のエネルギーを利用することができるというのであった。硝化バクテリア、硫黄バクテリア、鉄バクテリア等はいち早くそれらが先ず最初に地上に

レーピン（左）とパヴロフ　1924年

出現した生物の型式であると宣言された（山田坂仁訳）。
として、ヴィノグラツキーやオメリャンスキーの名を挙げている（従属栄養が先行することはすでに述べた）。

ロシアは八一年、アレクサンドル二世の暗殺のあと即位したアレクサンドル三世の、反改革、反動的な時代になっていた。メチニコフにとっても、セーチェノフにとっても苦しく厳しい時代であったに違いないが、セーチェノフの播いた種子は根づいていた。イヴァン＝ペトロヴィチ＝パヴロフがペテルブルク大学を目ざした七〇年は、丁度セーチェノフがそこを去ったばかりではあったが、パヴロフはその後任者のもとで膵臓の実験的研究を始め、細かい外科手術を手際よく行う技術を身につけ、のち、ドイツに留学した。

パヴロフは今では、犬の消化液分泌に基づいた条件反射学説で知られているが、『消化腺の働き』（一八九七）が学界に評判になり、ノーベル賞も消化に関する業績に対して与えられた（一九〇四）。条件反射は、そののちの仕事である。

セーチェノフは実験材料として専らカエルを使ったのに対し、パヴロフは犬を使った。ソ連時代になってからの一九二一～二二年の飢饉の最中には、食料ばかりか燃料も欠乏し、発電も停止し、犬の餌にもこと欠いた。それでもパヴロフは実験を続けており、松明《たいまつ》の明かりで手術をしたとも伝えられるが、研究継続のために特別な配慮がなされていた。レーニンの名による「パヴロフ教授とその共同研究者の研究を保証するために最良条件を与える……」という政府の決議（二一年一月二四日付）が残っている。

コヴァレフスキー兄弟とコヴァレフスカヤ　一九世紀ロシアの生物学者を見渡す場合、ダーウィニストというキーワードが切り離せない。前述のメチニコフとの共同研究でも知られるアレクサンドル＝オヌフリエヴィチ＝コヴァレフスキー（一八四〇～一九〇一）と弟ヴラジーミル（一八四二～八三）も、各々、発生学者、古生物学者として著名であるが、ともにダーウィニストであった。ヴラジーミルはダーウィンの『飼育動植物の変異』を翻訳出版し、また『人間と動物の感情の表現』ではダーウィンの原著のゲラ刷りを使ってロシア語に訳して、イギリスでの原著発行に先んじて翻訳書を出版するという離れ技を見せた。

のちの、女性数学者ソフィヤ＝ヴァシーリエヴナ＝コヴァレフスカヤ（一八五〇～九一）が一八歳でドイツに渡ったのは、ヴラジーミル＝コヴァレフスキーとの契約結婚という形を採ったものであった。六〇年代のロシアのインテリゲンツィアの動きの中で、偽装結婚あるいは契約結婚はヨーロッパで学問をしたいという女性の希望をかなえる現実的な方法だったのである。

兄アレクサンドルは、胚の発生と系統を関係づけて研究する比較発生学を専攻した。メチニコフとの共同研究の出発点は、互いに胚の形態が共通している脊椎動物についてフォン＝ベーアが指摘した「発生原則」は、無脊椎動物についても適用できるか、という問題であった。ベーアはペテルブルク科学アカデミーに招かれた（一八三四）、エストニア生まれのドイツの発生学者であった。彼自身は進化論者ではなかったが、ベーアの指摘はダーウィンに採り入れられ、その思想の基礎の一つともなっていた。アレクサンドル＝コヴァレフスキーの大きな業績として挙げられるのが、ホヤの幼生がオタマジャクシ型で脊索を持つという発見である。これは、無脊椎動物と脊椎動物との類縁を示すものである。

ツィオルコフスキーとヴェルナツキー　一九五〇～六〇年代のソ連の宇宙開発はアメリカの先を走って、目覚ましかった。人類初の人工衛星となったスプートニク一号は五七年一〇月に、ライカ犬を乗せた二号が一一月に、各々打ち上げられた。この年は、ロケット工学の先駆的仕事を行い、「宇宙ロケットの父」とも称されるツィオルコフスキーの生誕一〇〇年に当たっていた。

ツィオルコフスキーとほぼ同時代を生きたヴェルナツキーは、地球化学の創始者の一人である。モスクワ大学に学んだあとパリに学び、ペテルブルクで活動したが、地殻や生物を構成する大半の元素が含まれる「循環元素」と、リチウム、ガリウム、臭素などの「分散元素」を定義した。元素の地球化学的な分類である。

ツィオルコフスキーとヴェルナツキーの後進への影響は計り知れない。のちのことになるがここでは、オパーリンの著作の中から、各々に言及しているところを挙げておこう。

今世紀二〇年から三〇年代に書かれた選集の中で、かれ［ヴェルナツキー］の述べるところによれば「生命の始まりの存在は論理的にさけられないというのは、宗教哲学的探求から科学へ入った」思想で、「科学の経験的な基礎にとっては異質」である。……一九二六年にヴェルナツキーは生体を構成する諸元素の同位元素組成が非生物的起原の鉱物と鉱石の同位元素組成と異なっていることを確認した。しかし生物が関係して生成した鉱石や生物の死後にできた生物起原の鉱石（たとえば土壌、……石油、石炭、瀝青）は、その生物に特有の同位元素を保っている。……非生物起原の物質から直接生物に移行することは、生物と無生物の物質の間の大きな同位元素の差のために否定される（石本真訳『地球上の生命の起原』、一部改変）。

しかし、オパーリンは、さらに、ヴェルナツキーが「一九四四年の論文の中で、〝前世紀にはパストゥールの実験によって、無生物からの生命の発生の問題が否定的意味で解決されたかのように思われたが、今日ではこの問題はけっしてそのように簡単に取り扱えない〟と書いた」と付け加えている。

今引用したのは五七年の著作の「永久生命説」に関する部分からであるが、次に挙げるのは六六年の著作である。

人間の宇宙への浸透は大胆な仮説を生み出した。それによると、生命の最初の形態は、地球を何時か訪れた宇宙船、すなわち惑星間恒星間旅行を行った高等な意識的な存在、によって地球上にもたらされたのかも知れないという。しかし……わが国のすぐれた科学者で、有名な発明家であったツィオルコフスキーが、自身は惑星間旅行の可能性に熱烈な確信を抱いていたにもかかわらず、この種の人工的な微生物伝播の可能性をはっきりと反駁したのは興味深いことである。かれの死後に残された一九一九年の手記……には、次のように書かれている。〝わたくしの研究は、まだ人類がすぐにつくることはできないが、特別な装置によって、人工的にあらゆる生物を地球から他の天体に安全に運び出したり、持ちかえったりできることを示している。〟しかしこの種の生命の伝播は、ツィオルコフスキーによれば……過去にはありえなかったことである。なぜなら、われわれは……地球上へとんできた高等生物の痕跡すら発見できてはいないからである（石本真訳『生命の起原――生命の生成と初期の発展』、一部改）。

地球化学者ヴェルナツキーや宇宙ロケットの先駆者ツィオルコフスキーにも神秘思想の影響が及んでいたという言説を第Ⅲ章で紹介したが、オパーリンが依拠していたのはそのような側面ではなかったと思われる。以上にたぐり寄せたロシアの科学者たちにオパーリンが連なるものと考えれば、のことであるが。

一九三四年——時代の転換点

時代の歯車が

一九三四年は転換の年であった。ソ連が変化し、科学アカデミーも変わり、オパーリンの生涯も方向づけられる。一九三五年五月、モスクワに地下鉄が開通した。深く掘られた地下鉄は、スターリン時代のソ連の威信を誇示する国家的事業だったといわれる。三六年一二月には憲法が改定された。レーニンの死から一〇年を経た三四年、ソ連が大きく変わっていく。ソ連ばかりではない。前の年にドイツではヒトラー内閣が成立し、日本は国際連盟を脱退した。

すでに記したように、スターリンが政敵トロツキーを国外に追放したのは一九二九年。その前年、最初の「五ヵ年計画」が採択され、農業の集団化が全面的に行われるようになった。そして、第二次五ヵ年計画が採択されたのが三三年である。大車輪が動きを開始していた。

三四年、科学アカデミーがレニングラードからモスクワに移転して政府の直接の管理下に入った。そして、いくつかの新しい決定を行ったが、その中に学位の認定にかかわる事項もあった。オパーリンが論文審査なしで博士号を授与されたのもこの決定に基づいたものであった。また、一二月に科学アカデミーが行った新たな研究所設立の決定の一つに、物理問題研究所をモスクワに建て、その所長としてピョートル＝レオニドヴィチ＝カピッツァを据える、というものがあった。

カピッツァは、ペトログラード工業大学で学んだあと、二一年、イギリスに渡りケンブリッジのキャヴェンディッシュ研究所のラザフォード（一八七一〜一九三七）のもとで研究活動に携わり、強磁場と極低温の装置を持つ新たなモンド研究所の所長に就いたばかりの新進気鋭の物理学者であった。ソ連の市民権は保持していたが、イギリスに深く根を張っていた。

三四年八月、メンデレーエフ生誕一〇〇年祭がレニングラードで開催され、カピッツァはそれへの出席も兼ねて、母親や友人たちに会うために帰国した。一時帰国のつもりであった。しかしそのまま、ケンブリッジにもどる自由を奪われ、ソ連にとどまることを余儀なくされた。科学アカデミーの決定は、それから数か月後のことであった。のちに「キーロフ事件」として知られることになる党書記キーロフが暗殺され、大粛清が始まるのも同じ時期である。

プロコフィエフ、ランダウそしてカピッツァ　子供時代に誰でも一度は聴いたことのあるであろう「ピーターと狼」（一九三六）の作曲家セルゲイ＝プロコフィエフ（一八九一〜一九五三）は、特にオパーリンと接点があるわけではないが同世代で、オパーリンの兄と同じ年に生まれた。帝政時代に高等教育を終えたプロコフィエフの、その後の生涯のアウトラインは、ある意味で象徴的ともいえる。革命後の一九一八年、プロコフィエフは日本を経由して渡米、ピアニストとして活動し、その後、ヨーロッパに渡った。カピッツァの帰国より少し遅れて三六年春、ソ連にもどったが、Ⅲ

ショスタコーヴィチ　1941年

章で言及したように当時すでに作曲家ショスタコーヴィチは、一月末から二月にかけての「プラウダ」紙上で「人民の敵」と呼ばれていた。厳しい文化政策の下、プロコフィエフは三八年を最後に欧米への旅行も許されなかった。スペイン人の妻はスパイ容疑を受け、のち逮捕された。

ランダウ・リフシツの教科書として有名になる物理学の教科書の執筆に一九三五年以来取り組み、三七年以降、カピッツァの物理問題研究所で働いていた、若くして世界的に著名な物理学者レフ＝ダヴィドヴィチ＝ランダウ（一九〇八～六八）の場合は、彼自身がスパイ容疑で逮捕された。三八年五月のことである。

スターリン独裁の最盛期、三七年当時の全く別の場面をここで一瞥しておこう。のちに物理学者となってソ連の水爆開発を指導し、さらに人権擁護を掲げる反体制派の象徴ともなるアンドレイ＝サハロフの子供時代の回想である。

> 一九三七年のプーシキン没後一〇〇周年祭のすばらしい放送を初めから最後まで聞き入った。有名な叙事詩「青銅の騎士」の朗読もあった。当時はスターリンの独裁の最盛期だったが、私は圧制に対する反逆精神と悲劇をうたいあげたくだりに強く共感を覚えた。

奇しくもプーシキンが偉大な国民詩人として公式に祭り上げられたの

ランダウ　物理問題研究所にて。1959年

は、スターリンの独裁が頂点に達したこの一九三七年だった（金光不二夫・木村晃三訳『サハロフ回想録』）。

そうした三七年カピッツァは液体ヘリウムが絶対零度近くなると粘性を失い、器壁を伝わって流れ出ていくという超流動を発見した。量子の液体、という理論的説明はのちにランダウが行うこととなる。ランダウは逮捕され、獄につながれたまま一年間、もともと痩せ身だった彼は、猶予できない瀕死の状態に陥った。カピッツァはクレムリンに乗りつけ、モロトフ首相に面会を申し込んだ。この直訴でランダウ釈放にこぎつけた、とされている。

密告などによっていわれなく、多くの人々が逮捕された。ランダウが釈放されたのは、実際のところどうしてなのであろうか。無理が通って道理が引っ込む不条理なスターリン体制のソ連、カピッツァは、ランダウを釈放しなければ自分が物理問題研究所を辞め、仕事を拒否すると言ったと伝えられるが、ここでも、直訴という無理が通ったということなのであろうか。

ソ連解体後しばらく経って発表された記事では、ランダウの逮捕は「いわれない」ものでなく、彼が意識的な反スターリン主義者で、三八年のメーデーパレードの中で、スターリンをファシストと呼んだ宣伝ビラを配布する準備をしていた、というＫＧＢのファイル文書を明らかにしている。

ランダウは釈放後、水素爆弾開発という最高機密プロジェクトに従事させられ、四九年と五三年、スターリン賞を受賞するが、ランダウが核兵器開発プロジェクトへの参加を嫌がっていたことはサハロフの回想に書かれている。

一方、プロコフィエフは、エイゼンシュテインの大がかりな映画（一九四一年第一回スターリン賞受賞作品）「アレクサンドル＝ネフスキー」（一九三八）の音楽、バレエ曲「シンデレラ」（一九四四）や「石の花」（一九四九）を書き、スターリンと同じ日に没した。

カピッツァは、一九四六年、物理問題研究所長やモスクワ大学教授などの職から解任された。原爆の開発に参加するようにという要求を、人道的な立場から拒否したため、といわれる。

バッハ生化学研究所の開設

オパーリンが、生涯ずっと足場を置くことになったバッハ生化学研究所が開設されたのは三四年一二月一八日、と記録されている。カピッツァの物理問題研究所と同時期である。

生化学研究所の所長となったバッハは前述のように（Ⅱ章）、亡命先からもどり、一九一八年、化学研究所を組織し、二〇年、人民委員会に所属する生化学研究所を立ち上げて、二九年には科学アカデミー会員になっていた。オパーリンは生化学者として出発したばかりであった。

バッハは革命前、「人民の意志」という闘争的な革命組織に属し、一八八五年以降、国外で暮らしていた。「人民の意志」派は八一年三月、アレクサンドル二世を暗殺したのち弾圧され、八五、

バッハの記念プレート　生化学研究所。著者撮影

六年に活動を停止したのであった。

　バッハの生化学上の業績は、呼吸の過程での過酸化物形成についての研究、緑色植物の光合成の酸化還元反応に関するもの、植物の有機酸の代謝、植物の酵素活性の変化に関するものなどである。オパーリンと共同で行った研究には、種子の発芽に際しての蛋白分解酵素活性の急激な増大の測定、アミラーゼの作用を調節する蛋白質とアミラーゼの結合の解明、などがある。若いオパーリンはますます生化学に惹きつけられていったであろう。三一年から三四年、オパーリンはバッハの研究所で研究活動を行っていた。三四年に発表された研究論文としてバレイショの保存やサトウダイコンの冷凍保存をテーマとしたものがある。三二年の飢饉は記憶に新しい。オパーリンは三五年、ソ連科学アカデミーの所属となったバッハ生化学研究所の副所長に就任する。

　オパーリンの研究活動の区分（研究歴）第二期が二四年に始まると述べたが、学位取得、主著発表を含む第二期から第三期（後期）の区切りは、科学アカデミー通信会員に選ばれた三九年とするのが適切と思われる。やがて妻となるニーナ＝ペトロヴナと出会ったのは三六年夏である。第二期には私的な動きもあったことになる。外国語に堪能な女性との、著作刊行直前の出会いは、その後のオパーリンの人生と大きくかかわっていく。

アンドレ＝ジッドの目

オパーリンの主著の執筆時期については、次の章で検討する予定であるが、三四年頃までに大体の形ができていたと思われる。その後のオパーリンのあり方を決定することにもなった著作は、ウクライナ語などソ連の民族語、英語、スペイン語などに訳され広まっていくが、出版と同じ年の夏、フランスの作家アンドレ＝ジッド（一八六九〜一九五一）がソ連政府の招きで視察に訪れていた。新しい共産主義の理想を掲げるソ連に人類の希望を見ることを期待していたジッドであったが、モスクワ市内や周辺のコルホーズ、レニングラードや黒海沿岸の海港都市セヴァストポリを巡る旅の途上、ソ連の文化の大躍進を感じつつも、人間の精神が圧迫され、従属させられている現実に失望がつのった。ジッドは作家ゴーリキー（一八六八〜一九三六）と面会することを訪ソの目的の一つとしていたが、遭遇したのはその葬儀（この死には謎が多く、のちに内務人民委員による毒殺、ともされた）であった。スターリンなどソ連要人とともに赤の広場の壇上に昇ったフランスの作家の鋭い目が見たスターリン政権下のソ連旅行記は、三六年一一月に出版された。

一九三六年はベルリン－オリンピックが開催された年でもあり、ヒトラーとナチ党は、これを国力の誇示のために利用した。破壊の時代に突入しようとしていた。生命の起原の問題、分子生物学は大戦後、五〇年代以降、新たな展開をみることになる。

第二次世界大戦期

ソ連のチェルノブィリ原子力発電所の事故が煉獄を出現させたのは一九八六年四月二六日であったが、一九三七年の同じ日、ドイツ空軍はスペインの小都市ゲルニカを爆撃してのちにピカソが描き出した情景がつくり出された。前年、ドイツ・イタリアはスペインのフランコ将軍の政権を承認していた。生命の起原説提唱者の一人ホールデンが早くから、スペインの情勢に強い関心を示したことはよく知られている。三六年七月の内戦勃発の数か月後にスペインに赴いて、反乱軍のフランコ将軍の毒ガス使用に対する防御策をスペイン政府に助言した。三七年に再び、次の冬にもう一度スペインを訪れ、イギリスに帰国して情勢を報告し、「スペイン救援」運動を展開した。フランスでは人民戦線内閣が成立していた。

研究と執筆と

科学アカデミーの認定により学位論文審査なしで博士号を取得したオパーリンは、三五年に就任した生化学研究所副所長の職務を行いながら、執筆活動に励んでいた。『生命の起原』を拡張し、構造的にも改変して、新しい科学文献を参照した。文献表もなく、一般向けに概要を述べた二四年のブックレットと違って、学術書の体裁のきちんとしたものにする予定であった。八章立ての本の原稿は大体整い、各章に新しい資料に基づいて加筆していた。オパーリン自身の酵素に関する研究や生化学研究所の同僚の新しい研究成果も盛り込み、生化学の最新の教科書という要素も加味して、いよいよ完成に近づいていた。

この頃、生化学の分野とは離れているが、ソ連の遺伝学研究分野では、不穏な動きが現れ始めていた。のちにルィセンコ事件と呼ばれ、ソ連の遺伝学研究を壊滅的に破壊し、周辺の生物学分野にも、長期に渡って大きな損傷を与えることになる。

ヴァヴィロフ　1932年

農業科学アカデミー総裁ヴァヴィロフの解任　一九二〇年代から三〇年代初めまで、ソ連の遺伝学者は西側、特にドイツやイギリス、アメリカ合衆国の科学界と密接な関係を持っていた。有名なニコライ＝イヴァノヴィチ＝ヴァヴィロフについてはすでに述べたが、彼を中心に、モスクワで第七回国際遺伝学会開催が予定されたのも、国際的な科学界でソ連の遺伝学が評価されていたことを示している。しかしながら三七年に予定されていたこの会議は、三六年末に、ソ連共産党政治局の決定によって中止され、解約された。これに対し、遺伝学会議国際常置委員会は、ソ連を代表する遺伝学者ヴァヴィロフを議長としてエディンバラで三九年に開催する方針を打ち出した。しかし結局、ヴァヴィロフはじめソ連の遺伝学者のスコットランドへの渡航許可は下りなかった。

ヴァヴィロフは、栽培植物の発祥地の研究で名高い。ソ連の研究所の所長として優れた研究指導等を行うかたわら、世界各地に赴いて、植物相《フロラ》と農耕の調査を展開していた。一九二九年には全ソ農業科学アカデミー初代総裁となったが、中央アジア、日本、朝鮮、台湾と、一連の精力的な調査を行った。京都大学の木原均博士と親交が深く、日本滞在中には、「栽培植物の起原」と題する英語の講演会が催された。その別れに際して車窓から「サクラジマダイコン！」と叫んだということが語り継がれている。訪日前から注目していたらしく、彼の遺した調査報告書の中に「われわれの旅行の課題のひとつに、世界の品種改良の傑作であるサクラジマダイコンの発祥地である桜島をどうしても訪れることがあった」という文言が見られる。三五年六月、ヴァヴィロフは農業科学アカデミー総裁を解任されたが、三九年までソ連国内での研究活動は支障なく行われていた。

ヤロヴィザーツィア説

ロシアの冬は厳しく、雪解けから一斉に花咲く春は強烈な喜びをもたらすものであろう。秋播き小麦はロシア語の冬「ジマー」に由来してオジームィと呼ばれ、春播きはヤロヴォーイと呼ばれるが、このヤロヴォーイの語源となったのは、「ヤリーロ」でスラヴに古くから伝わる歓喜の神の名である。このヤリーロ神について「白いマントを着て、頭には野の花の冠をかぶって……ひと握りの麦の穂を持」って現れる、とある書物に記されている。この春の美しいイメージは思いもかけぬ方向から汚されてしまう。

トロフィム＝デニソヴィチ＝ルィセンコが小麦の播性を人為的に変化させることができるという

「ヤロヴィザーツィア」説をもって学界に登場してきた三一、三年当時、ヴァヴィロフは、ルィセンコをウクライナ科学アカデミーに紹介の労をとり、「ヤロヴィザーツィア」の発見を賞賛していた。有望な青年の前途を拓いてやろうという意図だったのであろうか。

日本語では春化処理と訳される技術が、理論的な衣をまとって力を発揮するのは一五年頃からで、獲得形質遺伝が主張される。ルィセンコは、雑誌「ヤロヴィザーツィア」「農業生物学」の編集に各々、三五〜四一年、四六〜六五年の各期間、携わる。ルィセンコ主義が華々しくなるのは戦後になってからのことである。

ヴァヴィロフの最期

ダーウィンの名はソ連生物学の一つの旗印であり、三二年には没後五〇年の記念祭が盛大に行われた。ヴァヴィロフは「生物学の発達におけるダーウィンの役割」と題して、進化論と遺伝学の結合の重要性について講演した。「生物学は実験の時代に入っている」といってヴァヴィロフは「遺伝学と実際の淘汰との結合は遺伝的研究の広汎な展開を条件づけている。遺伝学は生物学の最も積極的な部分の一つとなっている」と述べた。

エンドウを材料にしたメンデル、二〇世紀になってショウジョウバエを使ったモーガンは、それぞれの材料には限定されない生物に一般的な遺伝現象を明らかにした。この理論に基づく正統な遺伝学が、やがてルィセンコなど権力と結びついた農業生物学者から〝ブルジョワ科学〟と呼ばれ、〝メンデル・モーガン主義〟というのが非難の呼称として使われるようになる。

すでに記したようにダーウィンは進化の要因として自然選択を採用したが、ダーウィンの時代、遺伝の法則は未知の領域であった。このためダーウィンは、彼の進化要因論の中で、獲得形質が子孫に伝えられていく可能性もラマルクのように公然とではないが、当時の常識として認めているところがある。これを否定したのがドイツのアウグスト＝ヴァイスマンで、ネオ・ダーウィニズムの主唱者として知られるが、ソ連では、彼の名は獲得形質の否定者「ヴァイスマニスト」として、これも非難のレッテルとして使われる。

ロシア遺伝学の創始者ともいわれるニコライ＝コンスタンチノヴィチ＝コリツォフ（一八七二〜一九四〇）は、〝優生主義者〟と非難された。集団遺伝学を基礎づけたチェトヴェリコフ、突然変異の研究で著名であったセレブロフスキーも、〝観念論者〟で〝人民の敵〟と呼ばれた。四〇年八月六日、カルパチア山脈での野外研究調査中、ヴァヴィロフは拘束され、ランダウの場合と違って解放されないまま、四三年一月、サラトフの刑務所で死去した。減刑決定書の転送が忘れられたまま、死刑囚の獄舎での衰弱死であった、という（死因には、赤痢説、あるいは混乱の中での銃殺説もある）。

ヴァヴィロフの例が特殊なのではない。物理学者サハロフは、家族の思い出として二〇年代に逮捕された伯父について書いている。伯父は友人を国外に逃がすため旅券を貸したのであったが、約二年間刑務所に入れられ、三〇年代初めに釈放されたが、「一九三五年、伯父は再び逮捕され、今度は流刑になった。……だが戦時中またもや逮捕され、四三年クラスノヤルスク刑務所の病院で栄

養失調のため死んだ」。伯父ばかりでなく、さらに言葉を継いで、

これは一九三〇年代にわが家だけが味わった不幸ではない。……母の異母兄……も逮捕され収容所で死んだ。同じく三〇年代の中頃、従兄弟……は強制労働収容所に送られ……（金光不二夫・木村晃三訳）

と、当時の情況を列挙している。

獲得形質の遺伝理論

銃殺されたり、強制収容所の苛酷な条件の中に打ち棄てられて死去したりした研究者は少なくなかった。ソ連の遺伝学界は、遺伝現象を担う遺伝子を想定する考え方を観念論と決めつけ、環境との関係で引き出された形質、個体が成長過程で獲得した形質が遺伝するという考え方が弁証法的で正しい哲学に基づいている、とする主張に占有された。ルィセンコは三八年、農業科学アカデミー総裁というその分野の最高の地位に就いた。不穏な時代に入る。

三九年八月末に独ソ不可侵条約締結、九月三日には英仏がドイツに宣戦布告した。ドイツ軍がソ連に攻撃を開始したのは四一年六月になってからで、ソ連の遺伝学の混乱期は第二次大戦期に始まっているが、ルィセンコ崇拝が極大に達したのはむしろ戦後で、四八年から五二年にかけてとされ

る。五五年にモスクワ大学で使われていたある教科書（著者はN＝I＝フェイギンソン）『ミチューリン遺伝学の基礎的諸問題』は、ルィセンコ主義の立場で書かれ、序章には「ヴァイスマン・モーガン主義の観念論的本質」「ミチューリン遺伝学は弁証法唯物論的……」「遺伝学における……ミチューリン主義の勝利」などの項目が並ぶ。元来、ルィセンコの説は果樹の接木、品種改良などに功績のあったイヴァン＝ヴラジーミロヴィチ＝ミチューリンの実践家としての名声をルィセンコが利用し、獲得形質の遺伝理論を示す例としてミチューリンの育てたリンゴやオウトウの品種等々を採用したものである。

ホールデンとソ連

生命の起原論者とルィセンコ評価の問題もある。ホールデンがオパーリンとともに生命起原論の提唱者であることは前述したが、ソ連の遺伝学、ルィセンコについてのホールデンの態度は微妙であったし、戦後、『生命の物理学的基礎』（邦訳では『生命の起原』）を書き、オパーリンと親交の深かったJ＝D＝バナールは、ホールデンより顕著にルィセンコを弁護した。

まずホールデンについて述べよう。一九二七年の訪ソの旅について、ホールデンの伝記作家は次のように記している。

それは彼に、ロシア革命が科学に加えたものすごい衝撃を直接にみせ、それによって彼の思想に多くの影響を与えた。第二にそれは彼をニコライ＝ヴァヴィーロフと親密にさせた――実はヴァヴィーロフはホールデンをロシアへ招待する労をとってくれた人だった。この人物は後にルィセンコ主義の台頭によって追放され……（クラーク、鎮目恭夫訳『J．B．S．ホールデン』）

ホールデンがその後、四八年までソ連とルィセンコの遺伝学についてとった態度については、「ホールデンはルィセンコと……その支持者たちを証拠不十分のゆえに無罪と唱えていたにすぎず」と弁護している。「ソ連科学アカデミー幹部会で既存のいくつかの研究所の廃止、「モーガン・ヴァイスマン主義遺伝学」支持の科学者の科学諸議会からの除名、等々が採択された四八年夏の時点で、それまでイギリス共産党の方針に支配されていたホールデンは彼自身の判断を優先させるようになった、としている。ホールデン自身は明言しなかったが、五〇年八月に共産党を離れたといわれる。そしてホールデンがイギリスを去り、インドに移住したのは五七年である。

バナールのルイセンコ評価　もう一人のイギリスの、しかも多方面に活動し、影響力の大きかったバナールは、彼の著書『歴史における科学』の初版を出版した一九五四年当時にも確実にルィセンコ学派を支持していた。

ホールデンとオパーリンは晩年になってはじめて、それもアメリカで出会ったが、バナールとオパーリンは三〇年代にバナールが訪ソした時以来、度々会談の機会があった。バナールは四八年当時のソ連の科学の状態を弁護し、ルィセンコを賞賛した。科学アカデミーからの学者の追放や強制収容所送りについても「若干の科学者があまり重要でないポストに配転させられたが、研究活動の中止を意味」しないと評したし、ルィセンコは「科学の正統派の特権的勢力」を打倒しようとしたのだ、とバナールは主張した。

一九六五年の版においてさえ、ルィセンコ学派の遺伝学について次のような評価を示している。

ソ連やその他の社会主義諸国の外の国々でなされた多くの研究によって、環境の全体としての流れの直接的変更や接ぎ木によって、ミチューリン‐ルィセンコ学派の主張の一部を支持する多くの遺伝現象が存在することが示された（鎮目恭夫訳『歴史における科学』）。

「ただし、今日までのところそれらの現象のメカニズムに対する十分な説明は見いだされていない」とバナールは歯切れ悪く付言し、さらに、遺伝学の理論的な論争について、

本書の以前の版［五四年、五七年の各版］では、私はこの論争をもっとくわしく扱ったが、今ではそうすることはあまり重要でないように思われる。……論争の絶頂期には……ちがった的をめぐって争っていた。正統派遺伝学者は遺伝のメカニズムの解明と、一つの啓発的な理論の諸帰結をひきだすことに取り組んでいたし、ソ連の農業生物学者は、自分の国の作物や家畜の品種の

改良を、生殖と淘汰によるよりは環境の合理的な修正によって達成する最も速い方法を見いだそうと努力していた（同上）。

と、段落を改めて評価を加えている。

大戦期の研究所

三九年当時、オパーリンの研究業績目録にある論文は「植物原料の生産技術的特質」とか「製パンの穀粒および穀粉の生化学的指標」のように、加工食品にかかわる実際的なものが多い。オパーリンは当時、酵素学研究室に所属していたが、同じ生化学研究所の別の部門では、基礎的で、世界の生化学界から注目される研究成果も出されていた。

解糖作用、呼吸過程における燐酸代謝の研究で、酸化的燐酸化反応を発見した（一九三二）のは、ヴラジーミル＝アレクサンドロヴィチ＝エンゲリガルト（一八九四～一九八四）であった。彼と妻M＝N＝リュビーモワは、三九年、筋肉収縮のエネルギーがATP（アデノシン三燐酸《トリフォスフェート》）から遊離されることを、精製した筋肉蛋白質ミオシンがアデノシントリフォスファターゼ作用を持つことを示して、推論した。これは、生化学研究所で出た最もすぐれた研究成果といえよう。のちのことになるが、エンゲリガルトは五九年、科学アカデミー分子生物学研究所を設立した。

生化学研究所は四一年末、中央アジア北東部、キルギス山脈のふもとにあるキルギス共和国の首都フルンゼ（現ビシュケク）に疎開した。ソ連では、一八一二年ナポレオン軍のモスクワ遠征を「祖国戦争」と呼び、一九四一年六月二二日、ドイツ軍の奇襲によって始まった独ソ戦を「大祖国戦争」と称するが、この戦争前後の研究所の活動について、オパーリンは、科学雑誌掲載の自叙（一九七五）で記している。

製パン業が、小さな家内ベーカリーから集団の工場生産の軌道に移ったときには、穀物や小麦粉の酵素の生化学的研究が必要であった。こうした仕事は、今も、生化学研究所で続けられて……生化学研究所は……ヴィタミン工業の揺籃の地に建っていた。

大祖国戦争のときには、生化学研究所は、ソ連軍とパルチザンの兵士の食糧の合理化に重要な援助を与えて、一連の政府の表彰を受けた。

甚大な被害を受けたレニングラードは四四年一月に解放され、五月には全土が解放され、研究所の疎開も六月で終了してモスクワにもどった。生化学研究所では、バッハの誕生日を記念した講演会を催すことになり、四五年、オパーリンが最初の回に「植物のライフサイクルにおける諸酵素」と題した講演を行った。この講演会はその後毎年休みなく続けられ、五七年にはエンゲリガルトが「運動性機能の化学的基礎」について講演したことが記録されている。

オパーリンの主要著作『地球上の生命の発生』（三六年、四一年、五七年版）は、このような情勢のソ連で書かれた。

Ⅴ　本格的な生命起原説

一九三二年にハリコフで開催された第六回メンデレーエフ会議において私は……酵素も……複合物質であるという意見を発表した――オパーリン『生命の起原［地球上の生命の発生　一九三六年版］』より

一九三〇年代、生化学は酵素の働きについての関心を中心に、大きく展開しようとしていた。発酵や呼吸の過程の解明、補酵素の存在や役割への注目である。オパーリンの著作も、生化学の新しい成果を取り込んで、その点でも二四年のものとは大きく様変わりする。

コアセルヴェート説――三六年版

オパーリンの生命起原説はコアセルヴェート説、と称されることも多い。それは、高分子化学の術語「コアセルヴェート」をいち早く採用して、無生物から生物ができていく過程の最初のきっかけになるものとして、「半液状の膠質《こうしつ》ゲル」すなわち「コアセルヴェート」を想定したからである。

オパーリンのイメージ

オパーリンは、科学の諸分野の新しい成果や考え方の取り込みに意欲的であった。一九二四年の小冊子《ブックレット》に描かれた生命のなりたちについての仮説から一〇年、宇宙物理学、地質学、高分子化学、生化学、細胞学等々の各分野で、大きな進展があった。自然科学の吸収に加えて、オパーリンの三六年の著作には、当時ロシア語版が出版されたエンゲルスの哲学からの引用も行われている。

エンゲルス哲学の引用

「エンゲルスは、その遺稿『自然の弁証法』において、偶然発生［あるいは自然発生］説と生命永久説との双方を根本的に批判した」という文章が、三六年の著作の第二章「生命永久説」に、やや唐突に現れる。英訳、邦訳とも一般に『生命の起原』として知られる『地球上の生命の発生』（原題）は、オパーリンの最初の学術的、本格的な生命起原についての著作である。全体の構成は、次のようになっている（ここでは邦訳版の語句による）。

生命の自然発生説を否定した第一章「偶然発生説」、生命が永遠の昔から存在したという考えを批判した第二章「生命永久説」に続いて、第三章以下第八章まで各々、「地球史の一定段階における生命出現説」、「炭素および窒素化合物の原初形態」、「有機物および蛋白質の起原」、「原始膠質系の起原」、「原生物の起原」、「原生物の進化」となり、第九章は全体を要約して「結論」と題されている。

二四年の本と比べると、「有機化合物から生物へ」という一つの節であったものが、大幅に拡げられて、四つの章になっていることがわかる。そして、「生きている世界と死んだ世界」という表現が消えているのも特徴的である。すでにⅢ章で詳しく紹介したように二四年の、生命を機械的に無生物と比較して生物の特殊性をことさら否定し、生物のすべてを物理、化学のことばで記述しようという方針も、三六年の著作からは、ぬぐい去られている。このことについては、エンゲルスの哲学の吸収と関係あるとする解釈もある。

エンゲルスの『自然の弁証法』は三三年に、『反デューリング論』は三四年にロシア語訳が出版された。オパーリンはドイツ留学の経験もあり、ドイツ語を読むことはできた。しかし、翻訳出版以前にエンゲルスの書物を読んだことはなかったであろう。彼の引用はすべてロシア語版からである。しかもエンゲルスについての言及は本文が書かれたあとからの加筆挿入とも見られ、オパーリンの全体の構想は、エンゲルスを読む以前に完成していたと考えることもできる。機械論的な思想からの変化は、エンゲルス読書による直接的影響とは考えにくい。

哲学者の役割　「首尾一貫した唯物論哲学のみが生命の起原の問題を解決すべき唯一可能な道」であるとエンゲルスは示したと、オパーリンは記し、「生命は偶然に発生したのでもなければ、永久に存在するのでもない。生命は物質の長い進化の結果発生したのであり、その出現はすなわち物質の歴史的発展の一つの段階において可能であった」といい切る。

エンゲルスからの引用は、生命の起原論の概念的な問題を扱った第二章のあと、第五章「有機物および蛋白質の起原」の終わり近くに再び現れる。

地球の原始水圏における各種有機化合物の第一次的発生の問題と並んで、さらにわれわれは、同じ条件の下に蛋白質形成の可能性が無かったか否かの問題に特別考慮をはらう必要がある。けだし蛋白質は生ける原形質の構造において極度に重要な役割を演ずるからである。F・エンゲルスは次のように述べた。「いやしくも生命あるところにはどこにでも蛋白質がこれに関連したものとして発見されるし、また蛋白質のあるところには、蛋白質が分解を起こしていないかぎり、例外なく生命現象が発見される。」

この理由によって蛋白質の第一次的発生の問題は今日まで生命の起原を研究する学者の異常な注目を惹いて来た（山田坂仁訳）。

蛋白質が生物を構成する最も基本的な物質であるとオパーリンが考えていたことは、一〇年前も同様である。この強調がエンゲルスの名のもとに行われていることが三六年の著作の特徴であるが、文中の「F・エンゲルスは」の引用部分「」を除外しても文意に障りはない。第五章の最後を、

蛋白質の化学的構造のうちには、さらに一層の有機的発展を遂げるべき能力がかくされており、この能力が一定条件の下において発展し、遂に生物を発生せしめるに至ったのである。「生命は蛋白質なる物質の存在形態の一つである」というエンゲルスの命題については、われわれは上記のごとく解釈すべきであろう（山田坂仁訳）。

と、しめくくっているが、先の引用とともに巧みな挿入とも読みとれる。

オパーリンにとってエンゲルスはどういう意味を持っていたのであろうか。『自然の弁証法』を

学習することによって、彼の生命観が機械論的なものから弁証法的なものへ変わった、といえるのであろうか。二四年の機械論からの変化は、エンゲルスの哲学以外の要因で行われ、エンゲルスの引用は権威づけ、あるいは著作を受け入れられ易くするためになされたのであろうか。

オパーリンが、生命を持たない物質から発生したものとして生命を捉えていたこと、自然選択による進化の広い展望を初期から持っていたからこそ、生命の起原の問題を取り上げたことは間違いないところである。二〇年近くのちの日本での講演記録の中にも、ダーウィンの学説が生物界の連続的な進化を明らかにした、という指摘のあとに、弁証法的な方法によって生命の起原の問題の解決の見直しが開かれたとして、F＝エンゲルスに言及してはいる。従って、単なる権威づけ、と片づけてしまうのは早計に過ぎるかもしれない。

三六年の著作にもどろう。アメリカの生化学者S＝モーギュリスによって英訳された著作は、“The Origin of Life”として出版された。三八年に出たこの英訳本の一冊が、哲学者山田坂仁の手に取られた。邦訳が出版されたのは四一年一月、英訳からの重訳（書名も『生命の起原』）であったが、註・文献も省略されないきちんとした書物であった。

邦訳『生命の起原』の出版　「この本との私のであいはまったくの偶然だった……昭和一五年二月……たまま立ち寄った丸善で……黄色いカヴァーをかけた……英語版をみつけ」と、山田坂仁はふりかえる。国家総動員体制下の日本、「自分の勉強のために翻訳しはじめたが、暗い時代だったので、その仕事が毎日唯一の楽しみだった」という。

英語版の索引にEngelsの名が無かったら、この本は哲学者山田坂仁の手に取られても、購入されることはなかったかもしれず、そうしたら、オパーリンの日本への紹介も、もっと遅れたかもしれない、などと考えるのは無意味であろうが、オパーリンにとってのエンゲルスの意味はともかく、日本でこのオパーリンの著作が非常に広範な人々に読まれることになった理由の一つとして、エンゲルスの名が意味を持ったかもしれない。英語版の人名索引でEの項には六人の人物名があるが、その中ではエンゲルスが目立つことは確かである。

全体の内容は、生化学に基礎を置く自然科学書であるにもかかわらず、戦後間もなく再刊されたことは、広い読者を予想し得たから、といえよう。ある作家は五〇年以上を経てもなお、それを記憶し、「敗戦の翌年、旧制一高の文科生だった私は……翻訳を読んで衝撃を受けた」と記している。

とはいえ、原意に則して表せば『地球上の生命の発生』と訳せる生命起原論の最も目覚ましい点は何かといえば、一九三〇年代の天文・宇宙物理学、生化学の成果の採用である。

最新の生化学

〝コアセルヴェート〟は、一三一年、ブンゲンベルグ゠デ゠ヨングが提案した膠質化学の術語であるが、この語は提案者の名とともに、当時まだよく知られてはいなかった。実際、英語版文献表でその名の方は誤記され、邦訳版でもミスプリに気づかれていない。

天文・宇宙・地質関係では、H゠ラッセルによる惑星の大気についての新しい報告（一九三四年一二月、アメリカで開催された大会）や、ソ連の地球化学の第一人者であるヴェルナツキーの『生物地球化学の諸問題』（一九三五）を、早速、参照して、すでに大半が書かれていたに相違ない原稿の第四章に挿入して、「V・ヴェルナツキーは、……詳細に今日の地球大気の起原を考察し、遊離状態における酸素の生物学的起原」の確かさを述べている。

さらに注目すべきは、発酵の中間過程を明らかにしたエムデン、マイヤーホフ、ワールブルクらの業績を取り上げ、解説していて、当時として、最も新しい生化学の教科書ともなっている点である（第五章）。そして、「[始]原生物の進化」を扱った第八章で、その生物学的意味について述べる。

> 主としてマイヤーホフおよびエムデンによって行われた動物の呼吸に関する……注意深い化学的分析の結果は、呼吸過程が嫌気的乳酸発酵に基づいていることを明らかにしている。組織呼吸のあらゆる初期の段階はこの発酵の初期の段階に一致している。空中遊離酸素による酸化は後期の段階においてのみ付加的に発生したのである。……
>
> アルコール発酵および乳酸発酵は呼吸より古く、かつ単純なエネルギー代謝の形式であるが、それにもかかわらずアルコール発酵および乳酸発酵を営む多数のバクテリアはかなり高度の組織をもち、発酵過程の各連鎖の間には高度の調整作用が認められる。しかし酪《らく》酸発酵はより一層下等の組織と結びついている（山田坂仁訳、一部改）。

と、微生物の比較、進化を考察している。

「生命出現の最も重要な出来事」　この『地球上の生命の発生』と題された三六年の著作は、二〇年代に思い描かれたものよりはるかに充実した内容になってはいるが、生命体になっていく最初の粒が、あるいははじめの一滴が、どのようにして生じ、どのようなものであったのか、という問題については、実質的に二〇年代のものと大きく変わってはいない。確かに、〝コアギュラあるいはゲル〟と表現していたものが〝コアセルヴェート〟と称されてはいる。しかし、新しい語を使うことで思弁的なものが実証的なものになったかというと、そう単純ではない。第六章「原始膠質系の起原」をのぞいて見ることにする。

既に以前から親水膠質の溶液には凝結以外に、もう一つの分離現象が存在することが知られていた。この現象は……膠質溶液が二つの層――膠質物質に富む流動性の層と膠質を含まぬ液相とに分離し平衡を保つ現象である。この現象は過去数年にわたって「ブンゲンベルグ・」デ・ヨングが注意深く研究した。彼はこの現象を通常の凝結すなわち膠質粒子の沈澱を指すコアギュレーションと区別して、コアセルヴェーションと呼んだ。また膠質物質に富む流動性の層をコアセルヴェートと呼び……（山田坂仁訳、一部改）

「コアセルヴェートはコアギュレートとちがって、液状の集塊――液滴をなす」というが、太古に生命出現への一歩となったこの一滴はどのようなイメージのものなのであろうか。

オパーリンは、ゼラチンの稀薄液とアラビアゴムの稀薄液を混合した均質溶液から「ゼラチン・アラビアゴムのコンプレックス・コアセルヴェートの液滴が分離し始める」ところに、それを見ている。「コアセルヴェートの形成は……有機物質の進化の歴史ならびに生命出現の自然的道程における最も重要な出来事であった。」

ブンゲンベルグ‐デ‐ヨングのコアセルヴェートは、オパーリンにとって細胞の原形質を思い起こさせるものでもあった。次のように記している。

原形質との類比

コアセルヴェートと原形質とを比較することは最も慎重を要することであり、またいかなる環境のもとにおいても、コンプレックス・コアセルヴェートを原形質の正確な膠状的模型とみなすことは許されない。しかしそれにもかかわらず、コアセルヴェートを注意深く研究するならば、両者の類似性は……単なる外面的なものではないことがわかる。最も重要な類似性は、コアセルヴェートならびに原形質の演ずる多くの行動が同一の物理化学的原因に規定され、同一の内的メカニズムに従っているということである。従ってコアセルヴェートに関する研究は原形質の物理化学的諸性質を解明する途上における極めて本質的な目標であるといわねばならない（山田坂仁訳、一部改）。

オパーリンはその後二〇年以上にわたってコアセルヴェートに期待をかけ、研究室の女性研究者タチヤーナ＝エフレイノヴァ、キーラ＝セレブロフスカヤらが、コアセルヴェート研究に集中することになった。一九五五年のオパーリン初訪日の頃、オパーリンの生命起原説＝コアセルヴェート説、と規定されたのは、それなりの根拠のある表現であった。

自然選択（淘汰）の関与

〝コアセルヴェート〟と並んでオパーリンの生命起原論のキーワードといえるのが〝自然選択（淘汰）〟で、オパーリンがダーウィニストとして自他ともに認めていたことがわかる。ここでは、簡単に著作の第七章「〔始〕原生物の起原」の中からいくつかの部分を拾い出しておこう。

コアセルヴェートの自然淘汰が先ずその最も原始的な、最も簡単な形態において開始された。而して力動的に最も安定した膠質系のみが生存の継続および進化の可能性を保証された……「自然淘汰」という背景をもち、その厳重な統制を受けることによってかかる膠状生成物の化学的組織は一定の線に向かって更に一層の変容を行うことができた。……
「成長速度の競争」の結果は環境的条件に最もよく適応し、従って最も安全な組織をもつ物質系が量において優位を占めることになった。しかしかかる有機物の成長過程が進めば進むほど、その材料——地球の原始水圏に溶解した遊離せる有機物——の量は益々減少し、「自然淘汰」は益々熾烈の度を加えるに至った（山田坂仁訳、一部改）。

ここでオパーリンが「」付きで使っている自然淘汰の語は、一般に確立した生物について使う術語であるためで、未だ生物といえないものが始原生物になりゆく過程にも、自然選択（淘汰）が関与したことを推測している。

オパーリンの要約

この著作をオパーリンは改訂して四一年に、大幅に増補して五七年に出版した。六六年には『生命の起原と初期の発展』と表題を改めて出版しているが、オパーリンの全活動の核となった主著はこの三六年の著作である。それは、ここまでに示したように、「コアセルヴェートの自然選択説」とまとめることができる。これは今はもう入手も困難な著作である。その最後の章に要約が「結論」として置かれていることは、本章のはじめに述べたが、ここでは、その最後の、自然科学書としては異例とも思われる空想的なことばを引いておく。

研究の前途は長くかつ困難である。しかし生命の本性に関する究極的知識がやがて吾々のものとなるであろうことは疑えないところである。生体の人工的建築又は合成は今日なお非常に遠い問題である。しかしそれは吾々に到達出来ないゴールなのではない（山田坂仁訳）。

執筆の時期

オパーリンにとってはじめての大著であるこの三六年の著作は、いつ書き始められ、どのように書き進んだのであろうか。三四年までに大体のところが書かれ、最終的に三五年までの科学文献を参照して加筆し、完成したと考えられる。第三章までは、基本的に一九世紀から一九二〇年代の文献によっていることから、かなり早い時期に書かれ得るものであった。しかし、正確には不明である。

三六年版の章	三一年以降の文献数	全文献数
第一章	3	26
二	4	11
三	1	17
四	11	35
五	13	43
六	6	15
七	19	39
八	15	45
計	72	231

表1

註に掲げられた参照文献のうち三一年以降のものの数を各章ごとに表示してみると、表1のようになる。各章に存在する加筆と判断される一定のまとまりを考慮すれば、執筆開始の時期は三〇〜三一年の間の時点と想像することもできるが、明確な根拠をもって執筆開始の時を特定することはできない。

オパーリンの生命起原説が、ダーウィンの自然選択説を継承するものであることは、のちに再び触れることになろう。

五七年版「生命の起原」

大変動の二〇年間

『地球上の生命の発生』（一九三六）がオパーリンの主著であると、前節で述べたが、この節では改訂・増補された主著の五七年の版と、新たな六六年の著作について見ていくことにしたい。三六年の著作と違って、ロシア語からの直接の邦訳が各々いち早く五八年、六九年に生化学者石本真によって刊行された。日本の読者の側に立ってみると、これは三六年の著作の場合と全く違って、貴重なことであった。

五七年版はカヴァーにコアセルヴェートの写真を配し、レンガ色の硬い表紙、四五〇ページ余りの立派な体裁の本である。二二ルーブリ五〇コペイカ、一万部発行されたことがわかる。ソ連科学アカデミー出版。図版も鮮明で多数掲げられ、学術書ながら親しみが持てる。周期律の発見者メンデレーエフの肖像画などがおもしろい（邦訳書では省かれている。第Ⅳ章一〇九ページ参照）。

『地球上の生命の発生』――三六年の版と同じ表題で、第三版となっている。四一年に二六八ページからなる第二版が刊行されているからである。完全改訂版である（邦訳表題は『地球上の生命の起原』）。序言から引用する。

生命の起原の問題にささげたわたくしの最初の著作は、一九二四年に小さなパンフレットとして出版された。それには……、この問題に対する基本的な立場が確立されていた。

わたくしはこの立場をもっと広汎な形で、一九三六年に『生命の起原』の初版で明らかにした。その後この本は一九四一年に新しい補足を加えて版を改めたが、初版とくらべて本質的な変更はなかった。

二十余年過ぎ去り、自然科学のさまざまな分野には生命の起原に関して非常に多量の事実が蓄積して、物質の発展が生命の発生へ進んだ道の順次の諸段階をはるかに具体的に辿ることができるようになった。

これと関連してこの版は新しい事実を基礎として根本的に書き改めたものである。

前の版からここに保存されたものは、主としてただ基本的な思想と立場だけである（石本真訳、一部改）。

『地球上の生命の発生』(1957)のカヴァー

大粛清があり、戦争があり、スターリン体制が終わり……と、ソ連社会の大きな変化があった。オパーリン個人としては、バッハの死に伴って生化学研究所副所長から所長の職に就き、若くして結婚した妻マリーヤと別れてニーナ（一九〇四～八一）と再婚した。生化学に関しては、生命過程のおびただしい新知見、DNAの二重らせん構造の発見、生物学では、ミトコンドリアなど細胞内の器官や装置についての報告。一九三六年からの二〇年は、大変動の年月であった。

さらに、のちに分子生物学という新たな分野を出現させる契機ともなったシュレディンガーの『生命とは何か』の出版があった。四四年刊行のこの本は物理学者を大きく揺り動かしたが、オパーリンの五七年版には、わずか一か所に言及あるのみで、あまりその状況は反映されていない（六〇年の本ではかなり重い扱いになる）。

目次と註の文献数

序言から想像されるところは、ほとんど全く装い新たに描き出された著作、という感を与えるかもしれない。しかし、全体の構成は変わっていない。目次を見れば、三六年版では八つの章と結論（要約）であったが、第二版（四一）でそれが九つの章と新たな「結び」となった。各章の表題はほとんど変わりない。ただ第二版では、第六章「原始膠質系の起原」のあと「生きた物質の組織化」という章が加わって九章立てになったのであるが、第三版（五七）では、二つの独立の章「蛋白質と核酸の構造と生物的機能、ならびに生成の問題」と第七章「有機多分子系の発生、その空間的時間的組織化」に分かれているのが変化といえばいえる。各章の参照文献は第二版でも増えているが、第三版では膨大なものになっている。これこそが大きな変化といえよう。

五七年版	註数	四一年版	三六年版*	註数
第一章	66	47	第一章	26
二	56	31	二	11
三	80	38	三	17
四	127	43	四	35
五	227	61	五	43
六	210	27	六	15
七	87	55		
八	71	22	七	39
九	204	58	八	45

表2　＊英訳版を参照

文献を示す註の数を上の表2に示す。五七年版の内容が完全に三六年版、四一年版の各章と対応しているわけではないし、一つの註の番号に複数の文献が挙がっている場合も少なくないため、必ずしも正確ではないが、大体の傾向は顕著で、はじめの著作の四～五倍量の文献が五七年版には参照されていることは確かである。

基本的な思想と立場

五七年版の序言の中でオパーリンは、「前の版からここに保存されたものは、主としてただ基本的な思想と立場だけである」と書いているが、それをさらに補足する形で第一章の前に四ページの序論を置き、観念論と唯物論の闘争に言及している。

　生命の起原の問題は有史以前から人智をひきつけ……異なった時代、また異なった文明段階において、生命の起原の問題の解決は異なった様式で行われたが、この問題をめぐって常に二つの和解することのない哲学陣営——観念論と唯物論——の尖鋭な闘争がくりひろげられた。……

動物や植物の現存の種の起原の問題の解決にあたって、以前の形而上学的方法と絶縁したのは、ダーウィンの偉大な功績であった。……

しかし、生命の起原の問題に対して、最も原始的な生物すなわち地球上のすべての生物の先祖の発生の問題に対しては、自然科学においてダーウィン以後も、……古い形而上学的な態度が保存された。……

われわれがこの問題に形而上学的にではなく弁証法的に、すなわち生命の出現の前提となり生命の発生へ導いた順次の物質の進化の歴史の研究に基づいて近づこうとするとき、完全に異なった展望が開かれる。……

エンゲルスはすでに前世紀の終わりに、物質進化の歴史の研究を生命の起原の問題の解決の最も確実な道であると示した。……

現在になって二〇世紀に自然科学によって得られた多くの事実の素材に基づいて、はじめて物質の進化的発展の模式的図式を描き、生命の発生まで発展する途上で逐次的に通過したと考えられる段階を確立することが可能になった。……

われわれはわれわれの知識を実験でためしたい。すなわち実験的に物質の歴史的発展の各段階を再現し、総括し、生命の合成を、自然が行ったような曲りくねった長い道によらず、出来上がった形として現在の生物に見られるような組織を意識的に再現する方法により行いたいのである。……（石本真訳）

三六年の著作がエンゲルスの弁証法的唯物論に基づいているといわれることについては、すでに記した。五七年版にもエンゲルスの『自然の弁証法』『反デューリング論』への言及がある。エンゲルスの名はここばかりでなく、一〇か所以上に及び三六年版よりはるかに増えている。とはいえエンゲルス文献の引用は深く文脈の中に入り込んでいる、というものではなく、あくまでも加筆的、挿入的な塊としてである。

興味深いのは、生命の自然発生についてエンゲルスを引き合いに出して否定している部分が、三六年版の場合とは別の効果が期待されているとも受けとれることである。五三年の大衆版にあるレペシンスカヤの細胞新生説の批判である。

ダーウィンの進化論に基づくことも、オパーリンの立場の表明といえよう。この序論のほかにも数か所でダーウィンを挙げているが、特に、この版で新しくつけ加えられたのは、ダーウィンの一八七一年二月一日付のフッカー宛ての手紙である。これは、その後、一九六九年に出たM＝カルヴィンの『化学進化』にもダーウィンの筆跡の写し付きで掲載されて、広く知られるようになったことばである。もとが英文であるため、ここではカルヴィンの本の邦訳を掲載する。

生命をはじめて発生させたすべての条件は、かつてあったと同じように、いまもあるとよくいわれます。しかしたとえ……温かい小さな水たまりにアンモニア、リン酸塩、それから光、熱、電気などあらゆる必要なものが与えられ、タンパク質がつくられ、さらにもっと複雑なものへと変化しえたとしても、いまの世では……そんなものはすぐに食べられたり、吸いこまれたりしてしまうでしょう（江上不二夫他訳、東京化学同人）。

ここに引用したダーウィンの手紙のことばの意味をオパーリンはそれに先だって、解説している。「物質の進化に必要で現在地球表面に存在しない唯一の条件とは、（一見逆説的に聞こえるが）地球に生命がないことであった」と。

横道にそれてしまったが、話を五七年版の内容にもどそう。

蛋白質と核酸

現在では遺伝を担う物質としての核酸は常識になっているが、この常識が成立したのはそう古いことではない。生物の実体は蛋白質で、生物の特異性はその蛋白質の性質にあり、その典型的な働きとしての酵素作用が常に生物学者の頭にあった。生物に特徴的な現象である遺伝も、蛋白質の作用と考えられてもおかしくない。実際、遺伝を担う物質が核蛋白質でなく核酸であるということが明らかになったのは、細菌に侵入するファージの研究が行われた四〇年代末から五〇年代にかけてであった。従って、オパーリンが五七年版に新しく、「蛋白質と核酸の構造と生物的機能、ならびに生成の問題」という章を起こしたのは、やはり、新しい成果の取り込みに積極的であった姿勢を示していると見ることができる。一九五二年の研究を取り上げ、ハーシーとチェイスは、……バクテリオファージT群を実験に用いて、ファージのデオキシリボ核酸だけが細菌の中へ侵入し、ここでファージの新生をひき起こすが、……蛋白質は宿主細胞の外にとどまったままで残り、したがって、感染において直接の役割を演じていないことを示した（石本真訳）。

と述べているし、五三年に出たJ＝ワトソンとF＝クリックによるDNAの二重らせん構造模型の美しい図版も掲げている。そして、ガモフ（一九五五）の遺伝情報読みとりの初期の仮説「ヌクレオチドの三つ組のトランプによる解説」（四種類のヌクレオチドで二〇種のアミノ酸を示す組み合せ）の図も掲げている。ガモフ（一九〇四〜六八）は、ロシアに生まれ、ペテルブルク大学を卒業したあと、ボーアやラザフォードのもとで研究した物理学者で、レニングラードで教授職を務めた。二度の国外逃亡の試みに失敗したあと、三四年アメリカに亡命していた。三つ組の考え方をもとに修正発展させた蛋白合成のしくみが解明される直前、オパーリンの本が出たことになる。現在誰でもが知っているデオキシリボ核酸の略称が、わざわざ括弧つきで（DNA）と示される時代であった。

生化学の現代的問題は、即、生命起原の問題につながる。蛋白質が核酸の情報に基づいて合成されるとすると、生命の起原の考察の中では、この問題はどう考えるのか。オパーリンはこのことについても、この章の終わり近くで論じている。

今日では蛋白質は核酸を含む系を基礎としてだけ生まれうるし、また核酸は蛋白質系の基礎の上にだけ形成される。しかし、ダーウィンの学説の見地からすれば、ニワトリもその卵ももっと簡単な組織をもった生物からその進化の過程において同時に生じたことは明白である。これと同様に、蛋白質も核酸も、原形質系全体の進化の結果である。その原形質系はもっと単純で、もっと不完全にしか組織化されていないが、それでもやはり同様の系から生じたもので、……蛋白質も核酸も、最初の発生をばらばらに考えることは正しくない（石本真訳）。

コアセルヴェートに固執　実験や理論の新しい成果を吸収して、自らの生命起原論を確かな豊かなものにしていこうとする一方で、オパーリンと共同研究者はコアセルヴェートの実験研究に取り組んでいた。オパーリンは生命が成立する過程の一段階として、生物が物質代謝を営むことで生存していくと同様に、周囲の媒体から物質を取り込み、排出して、安定し、成長していく系を求めていた。第七章「有機多分子系の発生、その空間的時間的組織化」では、三六年版に採用したブンゲンベルグ-デ-ヨングのコアセルヴェートを詳しく解説したあと、共同研究者エフレイノヴァの得たゼラチンとアラビアゴムのコアセルヴェート液滴、さらにそれにリボ核酸を加えた三成分からなるコアセルヴェートの写真、プロタミン、ゼラチン、可溶性澱粉からなるコアセルヴェートに加えられたα《アルファ》-アミラーゼの作用のカラー写真などを掲げている。この時期、さらにその後も引き続くが、いかにオパーリンがコアセルヴェートに固執していたかが読みとれる。「われわれの観点によれば、コアセルヴェーションの現象はなによりも特別に興味深いものである。なぜなら、有機物質の進化の過程で高分子化合物、とくに始原水圏にとけている蛋白様物質を濃縮する強力な手段となったにちがいないからである」(石本真訳)。

オパーリンと共同研究者による核酸を含んだコアセルヴェートや、蛋白質とアラビアゴムのコアセルヴェートの研究も紹介されているが、三六年版当時と同様、原形質との類似をコアセルヴェートに見ていたことがわかる。これは一九五〇年代頃まで相変わらず、細胞の最も重要な構成要素として原形質を捉えていたことと関連している。もちろんオパーリンもミトコンドリアの写真を第八章に掲げ、ミクロソームについて「アミノ酸からの蛋白質の直接の合成は……リボ核酸の豊富なミクロソームの中で行われる。この合成に必要なエネルギーはミトコンドリアの中でつくり出される」というように新しい知見を読者に紹介してはいるが、「人工のコアセルヴェートと原形質との大きな類似性が粘度・中性塩・pHの変化に対する態度、電場での行動などのような性質の併行的研究によって明らかにされた」などのことばに、旧来の原形質観に拘束されていたことが窺われる。

さらに、三六年版から二〇年を経たこの五七年版の「結び」にも、生命の人工合成への展望が語られる。「生物に特徴的な、物質組織の高度な形態を研究すれば、自然が辿ったよりもはるかに完全な方法で、はるかに速い進度で生命を合成することができるようになるであろう。これはもはやそれほど遠い将来のことではないと確信してもよい。」

始原大気中での有機物合成

カルヴィンらの実験

モスクワの生化学研究所で、オパーリンの共同研究者たちが生命の人工合成を展望しながらコアセルヴェート研究に集中していた頃、アメリカの研究者が、もっと前の段階、すなわち始原地球でどのようにしてアミノ酸などの有機物ができたかを問題にしていた。一九五〇年代に入ったばかりの時期のことである。

光合成の化学機構解明に寄与し、カルヴィン回路で有名なM＝カルヴィンは、〝化学進化〟という語を広めたことでも著名な人物であるが、その著作『化学進化――宇宙における生命の起原への分子進化』（一九六九）の中で、一般にはあまり知られていないエピソードを紹介している。

一連の現代の化学進化実験の初期の一つは、一九五〇年にバークレーで行われた。……実験は十分に還元されていない大気を用いて行われた。われわれは、溶液中に炭酸ガス、水、二価の鉄イオン、それに主還元剤としての水素を用い、60インチサイクロトロン……のヘリウムイオンによって照射……この実験は……地球の地殻の放射能をまねたものであった（江上不二夫他訳、一部改）。

この実験はいくつかの欠陥があったため、「われわれは、のちにミラーによってなされた大進歩を見逃してしまった」という。この実験が行われた二年後、有名になるスタンリー＝ミラー（一九三〇～）の実験が行われる。

しかしミラーの実験以前のカルヴィンらの実験についてもオパーリンは、文献参照をおろそかにしていない。

この著者たちは、始原地球の有機化合物の生成はイオン化作用を有する放射線による炭酸の還元によって起こったという推定から実験を行った。……かれらは炭酸の水溶液にサイクロトロンのヘリウムの流れを作用させた。このとき実際に、反応生成物中に蟻酸とフォルムアルデヒドを見出すのに成功した（石本真訳）。

サイクロトロンのエネルギーを使うという大がかりな実験ではなく、放電を使ったミラーらの研究の方が、注目を浴びることになる。

ミラーの実験

シカゴ大学のハロルド＝ユーリー（一八九三～一九八一）の研究室の大学院生スタンリー＝ミラーが行った実験は、五三年に発表されるとすぐさま、大きな反響を呼び、その後、生物学の教科書にも載るようになる。それは、比較的簡単な装置で、メタン、アンモニア、水素、水蒸気という始原大気に模した気体に継続的に放電のエネルギーを与えることにより、さまざまな有機物を得ることができたからであった。ミラー自身を含め、多くの研究者が装置に工夫を加えたり、条件をかえたりして追試が行われた。

オパーリンは五七年版の第五章「炭素化合物の有機化学的進化」に、ミラーの五五年発表の論文を取り上げて、その実験で、グリシンやアラニンなどのアミノ酸のほか、「グリコール酸、乳酸、蟻酸、……が発見された」と紹介したあと、「ミラーの実験はパスィンスキーおよびパヴロフスカヤによって追試され……」と、オパーリンの共同研究者による追試の結果を述べている。生物の素材となった有機物の生成の考えは実証されつつあった。

のちに「化学進化」ということばが一般的になるが、それは前述したカルヴィンの本が出版されてからのことであり、オパーリンの本の第五章の表題「生物によらない炭素化合物の有機化学的進化」のような、簡単ではない表現で叙述されていた。しかしミラーの実験以後、始原地球で有機物がどのようにしてできたのかという問題は関心を引き、生命の起原の問題にも注目が集まった。大歓迎を受けたオパーリン来日と時期が重なる。化学進化についての実験研究も広がりを見せる。

二つの国際会議

一九五七年という年は、生命起原研究にとっても、オパーリン自身にとっても、大きな意味を持つ年であった。その年の八月九～二四日、生命の起原についてのはじめての国際会議が開催されたのである。オパーリンの研究歴の第三期（後期）と第四の晩期を区切るものとしてこの開催を置くことができる。一七の国からの研究者がモスクワに集まり、オパーリンがはじめのことばを述べた。日本から参加した赤堀四郎は第二日目の八月二〇日、前蛋白体の起原について、アメリカのカルヴィンの「化学進化と生命の発生」と同じ午後のセッションで報告し、ミラーは同じ日の午前、「始原地球における有機物の形成」について発表した。ミラーは前日、ユーリーの論文「惑星の始原大気と生命の発生」も代読した。座長も、ベルギーのM＝フロルカン、アメリカのL＝ポーリング（一九〇一〜九四）、イギリスのJ＝D＝バナールらと、錚々たる顔ぶれが揃っていた。また研究分野も宇宙物理学、化学、生化学、生物学と広範囲の研究者が集《つど》った。

　生命の起原関連諸分野の科学者が一堂に会することで、生命の起原研究という学問分野が確かなものとして認知されたといえよう。オパーリンの本格的な著作が出てから二〇年余り、ホールデンが生命起原説を描いてから三〇年近く、オパーリンがブックレットを出してから三三年が経っていた。

　一九五七年に続いて六一年には国際生化学会議がモスクワで開催された（八月一〇〜一六日）。この二つの国際会議を主催することで、オパーリンを中心とした生化学研究所をはじめとするソ連の生化学全体のレヴェルが向上したに違いない。国際生化学会はN＝M＝シサキャン（一九〇七〜六六）が全体の統括を行い開会を宣言した。オパーリンは、ソ連科学アカデミー総裁M＝V＝ケルディシュ、国際生化学連合会長フロルカンらに続いて歓迎の挨拶をした。最終日には、日本の赤堀四郎をはじめ、中国・インド・ナイジェリア・イタリア・フランス・イギリス・ドイツ・スウェーデン・アメリカ合衆国それぞれの代表の挨拶のあと、シサキャンが「五八か国、外国からの三五〇〇人を含む六〇〇〇人が参加し、二六〇〇編の論文が発表され……」と報告した。そして最後にオパーリンが「第五回国際生化学会の閉会を宣言」した。

蛋白質の合成は当時の生化学の最大のテーマの一つであり、また、一九六一年は、RNAの塩基の遺伝暗号解読の始まった年として、のちに記憶されることになった。このモスクワの会議でも、シンポジウム発表として「蛋白合成の問題」（F＝リップマン）、「大腸菌のリボソームによる蛋白質へのアミノ酸の取り込み」（A＝ティシエール）などの題目が並んでいた。一般の講演として、遺伝暗号解読に直接つながったとして注目されたのは、アメリカ合衆国のM＝W＝ニーレンバーグがNIH（国立衛生研究所）の同僚J＝H＝マタイと共同で行った実験の報告で、大腸菌の無細胞システムを使ったアミノ酸の蛋白質への取り込みに関するものであった。

ロシア語、英語、ドイツ語、フランス語が会議の共通語となっていたが、合衆国など英語圏からの参加者が多かった。生化学研究所では、オパーリンもそうであったが、若い頃ドイツ語教育は受けたが英語に疎いという研究者が多かったため、国際会議を前に英語の講習が行われたという。

シサキャンの報告をもとに単純に考えても二〇〇〇人以上のソ連の研究者が、世界の生化学の最先端に触れた意味は大きい。五七年の生命の起原の国際会議には、ルィセンコ派のレペシンスカヤも討論に参加していたが、生化学会議ではあからさまなルィセンコ派の介入は記録されていない。

確かにシサキャン、オパーリンどちらもルィセンコ派だった、という言説もある。シサキャンがソ連共産党との結びつきが強かったことは間違いないといえる。しかし、ＤＮＡ、ＲＮＡが頻出するこの六一年の国際会議は世界の生化学の新しい方向への出発であったと同時に、ソ連の生化学の脱皮ともなったものであり、少なくともこの会議を組織運営したオパーリンとシサキャンがルィセンコ派の方向で動いたのでなかったことは間違いない。

一九五〇年代にもソ連国内で核酸研究が行われていたことは事実である。オパーリンが所長をしていた生化学研究所でも、Ａ＝Ｎ＝ベロゼルスキー（一九〇五～七二）、Ａ＝Ｓ＝スピリン（一九三一～）が中心で、実際に前者はこの会合でも、バクテリア、藻類、菌類、高等植物の種によるＤＮＡ、ＲＮＡの成分測定結果を発表している。

この年の春にはすでに、ガガーリン少佐を乗せたヴォストーク一号が地球一周に成功していた。それに続き、この国際会議の直前、八月六日には、チトフ少佐の二号が一七周、宇宙飛行した。シサキャンの開会のことばはこのことにも触れている。

別のところではあるが、その誇らしい成果と逆の事実も進行していた。丁度会議の最中の、ベルリンの「壁」の建設である。

『生命の生成と初期の発展』

生命の起原研究が単に思弁的なものでなく実証的な科学として認められ、オパーリンはその中心的な学者として世界的な名声を得た。国際シンポジウムの翌年にはベルギーに招かれて国際博覧会で、さらに次の年にはオーストリア・フランス・ブルガリアで、それぞれ生命の起原についての講演を行った。

執筆活動としては、『生命――その本質、起原、発展』（一九六〇）があるが、この内容については、次の思想を中心として扱う章で紹介することにして、ここでは、学術的著作として最後のものとなった『生命の生成［発生］と初期の発展』（一九六六、邦訳表題は『生命の起原』としてあり、原表題は副題に示されている）について簡単に見ておくことにしたい。

この著作は、これまで述べてきた三六年版以来の学術的な系列のもので、文献表も付されているが、五七年のものに比べて著しくコンパクトになっている。表題から「地球上の」という表現が消えていることも注目される。

序論
第一章　生命の起原の問題解決の試みの小史
第二章　炭素化合物の進化の初期段階
第三章　「最初のスープ」の生成
第四章　前生物系の発生
第五章　「プロトビオント」の進化と始原生物の発生
第六章　始原生物のその後の進化
結び

と、目次を眺め渡してみて、章立てが減っていることにまず気付かされるが、各章の参照文献も大幅に減じていて、五七年版の半分以下の件数である。邦訳のページ数で厚みを比較すると、本文と註で三六八ページに対し二一〇ページとなっている（原著の比較では四五九ページに対し二〇三ページ。資料による）。

オパーリンは七〇歳を超えて、耳が少し遠いほかは、元気に活動し、生化学研究所の所長職はそのままで変わりなかったし、国際的な学者としての顔はますます広くなっており、一九七〇年から七七年まで、生命の起原国際学会の会長を務めた。最後の一般向けの著作『物質▼生命▼理性』は七七年に刊行される。

生命の出発系　プロトビオント

「最初のスープ」「プロトビオント」という二つのことばが、六六年の著作で目新しい。プロトは〝原初〟を意味するが、概念として特に新しいわけではない。

海、大洋に化学進化の結果、生成した有機物が蓄積した「最初のスープ」、そのスープの中で、周囲の溶液から個々の系としてコアセルヴェートが分離し、いくつものコアセルヴェート滴の中で安定で容積の増加するものが現れる。

この種の系は積極的に外界と相互作用し、動的安定性を持ち、単に存在を維持するだけでなく、「最初のスープ」条件で成長する能力を持っている。……これを象徴的に「プロトビオント」とよぼう。

プロトビオントは静的なコアセルヴェート滴よりも相当複雑で整った機構を持っているが、しかし多くの点でもっとも原始的な生物より簡単であった（石本真訳）。

やがて原始的な生物に変わっていくものとして、「プロトビオント」を想定しているのである。生命の発生にとっての出発系としてのこのプロトビオントに自然選択が働いて、より完成された自己保存、自己増殖する系になっていく、と考える。この第五章「プロトビオント」の進化と始原生物の発生、という章の終わり近くの一節を引用しておこう。

今日のタンパク質合成系と、その作用によって形成される酵素タンパク質が、生命発生の未だ極めて初期の段階に始まった多種多様な系の間の複雑な競争の最終の結果であることは明らかである。……今日の生物の中にわれわれは、構造的に極めて完成されている酵素だけしか探すことができない。［しかし］……更に注意深く追求すれば、今日でもこれらの触媒の何らかの進化を認めることはできるであろう。

さらにこのことは、一般代謝組織における一つ一つの酵素反応の結合の進化的発展と、……現生生物の持つ空間的巨大構造の逐次的形成に大いに関係している（石本真訳、一部改）。

ダーウィンが「温かい小さな水たまり」と呼び、ホールデンは「熱い薄いスープ」と考えたが、やがて有機物になる素材を含んだ液体、という点では、オパーリンの考えも終始変わりない。ただ、地球外で生成された（非生物的に）有機物が隕石という形で地球に降り注ぎ、「最初のスープ」の要素に含まれた可能性の重心の置き方は、次第に大きくなっている。ここでも、宇宙空間での物質の進化についての新しい研究成果が摂取されていることがわかる。

オパーリンは、その大きな体軀と笑みを絶やさない童顔で親しまれ、高齢になっても外国の学会に度々出席した。生命の起原に関するものだけでも、一九七〇年フランス、七一年ブルガリア、七三年には、第四回生命の起原国際会議のためスペインに、七七年には第五回の会議のために日本に、どちらもソ連学者代表団長として赴いた。

日本での「生命の起原」

五七年の国際シンポジウム以後、日本の著者による生命の起原関係の本も出るようになった。『進化と生命の起原』（五八）は共著であるが、単著では『生命の起原』（六六）、『生命の起源――化学進化からのアプローチ』（七七）があり、どれもミラーの実験装置を図解し、さらにこの問題が今や実証科学の領域としても扱われることを印象づけている。

生命の起源の問題は古くから人類共通の疑問であったけれども、その複雑さのためにごく最近に至るまで自然科学の対象とはなりませんでした。……この生命の起源の問題は、今日の言葉で言えば学際的な一領域です。……〔天文学者、物理学者、地球科学者、化学者など〕多くの専門家の協力により研究されるべきであると考えられます（原田馨『生命の起源』）。

オパーリンが二〇年代に思い描いた生命起原論は、バッハの支えとダーウィニズムに育まれて三六年の著作となり、さらにそれは生化学、分子生物学の発展に呼応して五七年の著作、六六年の著作となって世界中に子どもを生み拡げた、といえよう。大きな成長である。

日本でも生命の起原に関心を持つのは、研究者ばかりでなく、特に、野田春彦の『生命の起源』（六六）は広範囲の読者に向けた初期の著作であった。化学や生物学の基礎的な事柄についての説明、図解もほどこされて、多くの人々の手に渡ったことと思われる。

初学者に向けた原田馨の『生命の起源』（七七）は、「宇宙的背景」「地球科学的背景」を含む八つの章で、副題の「化学進化からのアプローチ」を展開している。刊行は、日本での国際会議開催の直前であった。

「生命の起原国際シンポジウム」は、最初にソ連モスクワで開催されたが、日本で開かれたのはその二〇年後、京都において、であった。生命の起原国際学会の評議会は、この第五回の会議で、この分野の研究に貢献した学者に贈る記念のメダル「オパーリン金メダル」を制定した。隕石中の有機化合物の分析で著名なスリランカの研究者サイリル＝ポナムペルマが最初の受賞者となった。

Ⅵ　晩年のオパーリンとその思想

［一九七七年四月、三鷹の天文台にオパーリン博士夫妻随伴の途上で］ツクシを見つけた……この春、丁度ツクシが姿を消したころに、オパーリン博士の御逝去を知った――和気廸子「オパーリン博士のおもいで」より

著名な学者であるのに親しみやすい、とオパーリンと接触のあった多くの日本人が語っている。研究所長の地位にあったモスクワでも、研究所内のいろいろな階層のスタッフから慕われ、世界の学界からも長老として敬愛された。

生化学者としての活動に加えて、平和運動にも寄与し、また、著作には哲学的な内容も盛り込んでいる。

大衆に向けて

五三年版の構成

一九三六年の著作はアメリカで英語訳が出たあと、四〇年にブエノスアイレスでスペイン語訳が、四九年にはベルリンでドイツ語訳が出版された。その後、五〇年代になって、オパーリンの思想はフランス語やイタリア語を話す人々に広まっていった。一九六四年、オパーリンの七〇歳の誕生記念のモスクワ大学紀要によれば五二の言語（旧ソ連内の民族語も含む）に翻訳された、という。翻訳出版されたものは、三六年の著作の系列の学術的なものばかりでなく、五三年の本のような広く大衆に向けて書かれたものも多い。

オパーリンの初来日講演に合わせて五三年刊行の普及版の邦訳が出されたことについては第Ⅰ章でも言及したが、改めて思想として点検することにしたい。新書版一一七ページ、一〇〇円である。

当時、学校教員の初任給が八〇〇〇円程度、ポケット版英和辞典が三八〇円、鉛筆一本一〇円であったから、『生命の起原』は安くはないけれど買いにくい価格ではなかった。生物学以外の分野の人々も手に取った。対ナチス・ドイツの勝者ソ連の学者の書いた本として、ある希望とともに手にされもした。しかし、この原著はソ連の暗い時代の名残りの中にあった。

ソ連国内の広い大衆に向けて発行されたこの五三年版『生命の起原』の構成で、学術的なものとの違いは、その最初の章の標題に表れている。「生命の起原をめぐる観念論と唯物論のたたかい」である。内容的には学術書の第一章「偶然［自然］発生説」に論じられていることも含んではいるが、宗教上の生命観である「観念論」に対して、ダーウィンとそれにつづく学者たち、チミリャーゼフ、コヴァレフスキー兄弟、メチニコフらロシア・ソ連の学者たちが、打撃を加えた、という形になっている。また、宇宙空間からの飛来説は、オパーリンが生命の起原の問題を取り上げる動機になった議論とも思われるが、この本では簡単に、植物学者V＝L＝コマロフ（一八六九～一九四五）のオパーリン説支持の発言で済まされている。

……生命は永遠であり、遊星間の空間から地球上……に生物の種子がとんできたという学説を研究した結果、それを否定してコマロフは「生命の起原の生化学的学説、つまり生命の発生は物質の――一般的進化、窒素の炭素化合物の長い系列の進化における――連続的段階の一つにすぎなかったのだという深い確信こそ、ただ一つ科学的なのだ」と書いていています（東大ソヴェト医学研究会訳『生命の起原』)。

レーニン、スターリンの名の登場するのもこの章であるが、エンゲルスの肖像が掲げられ、ソ連の生物学がエンゲルスの示した科学の「方向にそって進歩をつづけて」おり、エンゲルスは「生命を物質の進化の産物」とみなしたことが説かれている。また、最初の章には、「資本主義国家の多くの研究者たち」が「機械論的立場へ……転落してしまう」、「メンデル‐モルガン主義は、生命の起原の問題――このもっとも重大な世界観的問題――が唯物論の立場からは解決できないことを証明しようとしている」など、生硬な表現も目につく。

とはいえ、その後に続く各章は、「炭素および窒素化合物の最初の形態」「最初の蛋白の誕生」「最初のコロイド構造の発生」「生きている原形質の組織」「原始生物の起原」となっており、学術書の構成と概ね対応している。学術書と違う点はソ連の学者の業績ばかりが挙げられていることで、レペシンスカヤの細胞新生説(五七年版では、明確に否定)に対して曖昧な表現をしている点は、国内向けとはいえ、問題である。

さらに、オパーリン説の基本は「コアセルヴェートの自然選択説」と要約できるが、この本では「自然選択(淘汰)」の語が避けられている。これは、最大の問題点である。

五三年版の問題点

オパーリンが所長をしていた生化学研究所で行われたコアセルヴェートの実験の解説を見てみよう。「人工コアセルヴェートの顕微鏡写真」二枚が呈示され、「コアセルヴェートとその発展」が示されている。

始原の蛋白質は、最初は溶液のかたちをしていましたが、分子はたがいに集まりあって、分子群をつくり、ついには水の中を泳ぐ液滴――コアセルヴェート――のかたちで溶液から析出し、顕微鏡でみえるようになりました。

コアセルヴェートは、まわりの溶液からいろいろな有機物をとり、大きさも増します。すなわち生長しました。この場合あるものの生長は早く、あるものはゆっくりでした。……（東大ソヴェト医学研究会訳）

本文中にも「自然選択（淘汰）」の語は使われていない。今、引用した「最初のコロイド構造の発生」の章の結び近くにある「合目的性」に注目してみよう。

人工的につくったコアセルヴェートも、地球の原始大洋の有機質溶液から析出した自然のコアセルヴェートも――例外なくあらゆる生物の原形質の特徴である構造の《合目的性》――あたえられた存在条件のもとに一定の生命機能をもつための内部組織の適応をもっていません。こうした外界の条件に対する適応は、単なる物理的、化学的な法則の結果ではなく、またとくにコロイド化学の関係でもじゅう分ではありません。それで原始生物の起原にあたっては、物質発展の過程に新しい法則、すでに生物学的性格をもった法則がつくられねばなりません（東大ソヴェト医学研究会訳）。

この「合目的性」の獲得は自然選択の結果である、とオパーリンが書いていないこと、前述したように「自然選択」の語が回避されていることが、五三年の本の大きな問題で、オパーリンの思想が一貫していない、あるいは御都合主義である、ともいわれる弱点となっている。『地球上の生命の発生』（五七年版）には、「合目的性」について、「ダーウィンがこの『合目的性』の発生の途を自然淘汰に基づいて合理的に唯物論的に明らかにするまでは、その本質は神秘的な、超物質的なものであった」と書かれているのに、大衆向けの五三年のものには、ダーウィンの肖像は掲げられているが、ダーウィンの学説は、具体的には解説されていない。ルィセンコへの配慮からダーウィン学説の中心的な論点を排除している用心深さ、したたかさがみてとれる。

この本が、スターリン時代の党官僚であるA＝A＝ジダーノフ（一八九六〜一九四八）の発言も含むことに触れて、「この冊子はたぶん、国内の一般読者向けの宣伝的な解説本と見るべきものだろう。［代筆の可能性も示唆して］……透徹した議論と先見性に富む本物の『生命の起原』の著者であり、戦後の何回もの国際会議でも愛すべき長老として親しまれた人物と、どうもイメージが重ならない」（長野敬『生物学の最前線』）と評する見解もある。この本が一般読者向けの解説本であることは間違いない。とはいえ、オパーリンがルィセンコ支持を国内向けにだけ表明していたのかといえば、そうとばかりはいえない。一九四九年三月ニューヨークの「平和を求める文化と科学の会議」で行った演説でも、ルィセンコを「才能ある組織者」としている。

パリでの国際生化学会

学術的な会合での発言としては、一九五二年七月二一〜二七日に開催された第二回国際生化学会がある。パリ大学ソルボンヌ校階段講堂で二三日、一七時三〇分から行われたオパーリンの講演の資料によれば、標題は「外部要因の影響下での植物細胞における酵素作用の変化」であるが、内容的には「ルィセンコ理論の生化学的基礎」をほのめかすもの、とも理解される。

この会議には、ソ連からは筋収縮にかかわる蛋白質の第一人者V＝A＝エンゲリガルトが「ミオシンの酵素学」を発表し、ドイツからは五五年にオパーリンと一緒に来日することになるフェリックスが参加していた。また、アメリカのS＝オチョアやF＝リップマン、フランスのJ＝モノーら二〇世紀の錚々たる世界の生化学者が参集していた。そのような場で、ルィセンコの名は出さぬまでも、春化処理を受けた秋播種のコムギの芽で、「遺伝的に春播種のものに特有な合成と加水分解との比と同一なものを認めた」といい、この変化は「栄養期の全体を通じて成長した植物の葉の中で同じように永続している」という。また接木による栄養雑種についてはミチューリンの名を挙げて、「夏リンゴは過酸化酵素の活性が極めて弱く蔗糖《しょとう》転化酵素の加水分解的な活性が非常に強いことが冬リンゴと異なる」が、接木された雑種植物は台木に対応する特質を獲得するという。

ここでいっているのは、ルィセンコのいう遺伝的な変化ではなく、植物がこれまで持っていた特性と異なるものを示す、ということでしかない。あくまでも、酵素活性の測定は、処理を行ったその代の植物について行われているのである。しかし、この実験結果は一般の生化学書に記されている方法によるものとは異なるとして、翌年、註のついた抄訳が日本の科学雑誌に掲載された。当時の日本の、ソ連の科学への関心を示した一事例ともいえるが、第Ⅳ章で述べたようにイギリスにもルィセンコ主義を認める著名な科学者の勢力が存在したことを思い起こせば、国際生化学会でのオパーリンのスタンスもしたたかではあっても、異様なものではなかったのかもしれない。

ルィセンコ支持をめぐって　一九五〇年にオパーリンが、レペシンスカヤにスターリン賞を授けるのを支持したこと、五一年に自殺した植物生理学者D＝A＝サビーニン（パラジンの弟子、一八八九～一九五一）の運命に、科学アカデミー生物学部会の長であったオパーリンがかかわっていることなど、一九四八年から五五年までの彼がソ連科学アカデミー幹部会員であった期間、持っていた権力と、五四年までのルィセンコへの追従的態度は、その生涯の苦い記憶だったのであろう。彼の晩年の回想にも、公のインタヴューにも、自ら語られることはないが、ロシアやソ連の科学について広く論じている科学史家ローレン＝グレアムは、次のように伝えている。

生化学研究所にて前列左からオパーリン、バッハ、シサキャン、エンゲリガルト、リュビーモワら。1930年代末

一九七一年にしたインタヴューで、ルィセンコの支持者としてオパーリンを非難したとき、彼は応えて「あなたはアメリカ人だから非難するのは簡単です。当時、あなたがここ［ソ連］にいたら、［ルィセンコの誤りを］発言して、シベリアの刑務所送りになろうと思いますか？」と言った（Loren R. Graham, "Science in Russia and the Soviet Union, a Short History" 1993）。

晩年のオパーリンにとって厳しい追及であったに違いない。このインタヴューは七一年八月にモスクワで行われたというが、これは原子物理学者で「ソ連水爆の父」ともいわれるアンドレイ＝ドミトリエヴィチ＝サハロフが書いた「進歩・平和共存・知的自由に関する考察」がオランダ・アメリカなど西側で発表された三年後、そして、ソ連当局の反サハロフ・キャンペーンが大々的に開始される二年前のことである。世界的に著名な科学者であり、ソ連科学アカデミーの長老の会員であるオパーリンにインタヴューした外国人たちは、ルィセンコ問題についてのオパーリンの率直な遺憾の弁を期待したのであろうか。もしそうであったら、彼らは二年後の反サハロフ・キャンペーンにおけるオパーリンの態度にも失望させられることになる。

ルィセンコ容認の問題から話が先走ってしまったが、オパーリンが書いた一般向けの著作の話題にもどろう。オパーリンは五三年にレーニン勲章を授与されるが、学術的な交流や世界科学者連盟、世界平和会議などで外国出張が多く、多忙であったと推測される。五三年の本のあと、広範囲の読者に向けて書かれた本が出版されるのは七年後であり、内容・体裁ともに旧いものから一新される。

六〇年版の姿勢

『生命――その本質、起原、発展』は普及書とはいえ、軍の出版社から出た五三年の本と異なって、科学アカデミーの出版社から出されたものであり、読者対象も異なっている。ページ数も原著同士で比較すると九六に対して一九二で、刊行は学術書の新版（一九五七）が出た三年後であった。DNA、RNAを取り入れていないながらルィセンコ主義を払拭しきれず、いわば二重性を持った書物である。また、生物と機械とのアナロジーを批判した第一章が特徴的である。その中で、五七年版の学術書にはきちんとした言及のなかったシュレディンガーの『生命とは何か』（四四）を批判的に取り上げている。

これも逸早《いち》く翌々年、邦訳が出版された。オパーリンによる「日本版への序」が付されていることも五三年の本とは異なる。日本と日本人への親しみと厚意のこもった序をここに引用する余裕はないが、五五年の初来日のあと、五七年に国際酵素化学シンポジウム出席のための再度の来日でも、好ましい印象を持って帰国したであろうことがわかる。五七年の学術書に続いてこの六〇年版の邦訳の労を執った生化学者石本真への感謝のことばも記されている。
「生命の本質」「生命の起原」「生命発展の最初の時期」「生命のその後の進化」という四つの章と短めの「結び」からなるこの本はきちんとした科学的根拠に基づいて「生命とは何か」を論じようとしている。そして、「生命の本質は、その発生の歴史を知ることなしには認識できない」というところから出発している。若い時代からの基本的な姿勢がみてとれる。簡潔な序言の中の数行を引用しておこう。

最近までこの〔生命の起原〕問題および生命の本質の問題は二つの独立した問題とみなされていた。生命の起原は自然科学の研究においてはほとんど完全に度外視され、生命の本質の認識は生命の起原から切り離されて純粋に形而上学的に取り扱われていた（石本真訳）。

そして現在、「これらの問題の統一の認識」が強められてきている、という。
このように、オーソドックスな内容と体裁を持つ本ではあるが、六〇年に出版されたこの本の中にルィセンコ学説への言及が二か所だけではあるが見られることは、五三年のものも単なるポーズではなかったのかと思わせる。あらずもがなのルィセンコの『農業生物学』は、実は五七年版の文献表には掲げられている。しかし、本文中にはミチューリンの名だけが、それも「ミチューリンの原理」と形容詞形で書かれているため原著では大文字にもなっていない。それにもかかわらず、六

○年のこの本に再び、植物の発生について述べた部分でわざわざ、「ルィセンコによれば、これらの段階の本質は、物質代謝の質的転換にある」と書き込んでいる（六八年の改訂版では削除）。オパーリンは一九三六年以来ずっと、弁証法的唯物論に立脚することを示していて、「相互作用」や「変化」といった現象を重視する。このことと、ルィセンコを持ち出すこととは無関係ではない。遺伝子について、「不変の」「静的な」「固い」のような形容詞を付けて、批判的に表現することにもそれが現れている。ソ連の公認の思想に基づこうとするオパーリンと新しい科学の成果の取り込みを心懸けるオパーリンとの矛盾が二重性となっている。方法論に関しては改めてエピローグで扱う予定であるが、ここでは、DNAについての記述を引用しておこう。

DNAは代謝的にもっとも不活発な化合物と見なされている。……細胞分裂において、親の細胞において合成されたと同じ不変の状態で子の細胞に移行するのである。

こういった事情は疑いもなく、生体系の自己再生産にとってきわめて重要な意義をもっている（石本真訳）。

六〇年普及版とダーウィン評価　ルィセンコ言及など若干の問題を残しつつも、六〇年の段階で、学者に対してのみならず大衆に向かっても、本来のオパーリンの姿勢をとり戻していることは、ダーウィン評価についても見られる。おなじみの《合目的性》が「ダーウィンの自然淘汰の原理に立脚」しなければ理解できない、とする件《くだ》り、あるいは、ダーウィンが書簡に生命の起原に関して言及している部分の引用、そして、自然選択概念の適用、である。

これらの化合物［蛋白質様物質など高分子化合物］が全溶液から分離して、境界をもったコロイド性の多分子系（例えばコアセルヴェート滴）をつくったとき、それが前提となってこれらの系とそれを取り囲む外界との間の相互作用が生まれた。これらの個別的な有機系のその後の進化は、それまでは存在しなかった新しい法則性、すなわち自然淘汰によって規制されはじめた（石本真訳）。

六八年の改訂と最後の著作

この六〇年版は日本でも普及し、七三年には一二刷を重ねている。しかし、二重性の顕著なこの原著は本国では六八年に改訂され、章立ても一つ増補されていた。これに対し、ルイセンコ受容の痕跡を残したままの邦訳書が原著出版後一三年を経て、しかも改訂版が出た五年後にも元のままの形で、日本で手にされていたことは、オパーリンにとっては不本意なことであったに違いない。

増補された章は、第三章「生命発展の最初の時期」の前に加えられた「プロトビオントの進化と始原生物体《オルガニズム》［複数形］の発生」で、内容的に全く新しい。第二章の標題は「炭素化合物の前生物学的進化」と改められているが、ほとんど変化なく、最後の内容項目が「最初の生物の発生」から「《プロトビオント》の発生」となっている。前述したようにプロトビオントは、六六年の学術書『生命の生成と初期の発展』で導入された概念である。この六六年の学術書は六九年に邦訳出版されている。従ってこの時期、オパーリンの邦訳書が、部分的にではあれ思想的に矛盾した二通り流通していたことになる。

とはいえ、内容的に見ていくと、増補された新しい章は六六年の学術書の第五章「『プロトビオント』の進化と始原生物の発生」とほとんど同じ文章から成り立っていることがわかる。自然科学の中味としては六八年改訂版の新しい部分は学術書に盛られていて、こちらは邦訳されているから、普及書改訂版の邦訳は出版されなかった、ということであろうが、日本では、ルィセンコ容認の形のままの普及書がずっと増刷され続けていたわけである。ソ連国内では啓蒙的な性格の六〇年版への増補改訂によって、本の性格の変化が試みられていたのであったが。

オパーリンの年譜や論文著作活動の記録を見ていくとその中に、全ソ政治的科学的知識普及協会理事会議長（一九五一～五七）という記録があり、一九二五年には、「科学宣伝の武器としての映画」という題目のものを発表したことがわかる。科学研究活動の初期から、広く大衆への普及活動にも力を注ごうとしていたことを示している。五五年の来日講演の題目の一つにも「科学の普及あるいは科学者の国民に対する奉仕について」がある。オパーリンのこうした考え方は生涯かわることはなかったといえる。六六年のコンパクトになった学術書のあと学術的な著作を出さなかった一方で、啓蒙書の増補改訂によって、この普及書の系列が学術書の系列との中間的な様相を帯びたものに変化し、七七年の著作『物質▼生命▼理性』となって現れた。序論には「生命の本質の問題はその起原と発展の認識なしには合理的に解くことができない」という立場が、再度確認されている。天文学や生化学、微生物学などの新しい成果を取り込みつつ、全体の体裁としては、『生命――その本質、起原、発展』のような啓蒙的な書物の形を残している。これが事実上、オパーリンの最後の著作となった。七九年に発行された邦訳の日本版へのまえがきで、「わが親愛なる日本の読者の皆様」と呼びかけ、「生命の起原の問題には日本の科学者も非常に大きな関心を寄せておられます。このことは、一九七七年四月に京都で行われた第七回生命の起原国際会議・生命の起原国際学会（ISSOL）第二回実行委員会の際にすばらしい形で示されました」と、一九二〇年代にオパーリンが手をつけた生命の起原の問題が七〇年代には広い自然科学の一分野として根づき、世界的な課題になっていることを、噛みしめるように確認し、四回に渡る日本への旅、日本の人々への思いを、短いことばの中に表現している。

しかし、生命観は多様である。ここで、同じ七〇年代にフランスで刊行され、知的世界にある種の衝撃を与えた本について言及しておこう。それは、分子生物学に携わるJ＝モノーの書いた『偶然と必然』で、認識の手段として弁証法的唯物論が無効だと論じている。モノーは弁証法的唯物論に「物活論《アニミズム》」の要素があると批判し、これは科学と両立できない、とする。オパーリンが「静的な」とも表現したDNAを持つ生物についてのモノーの機械論支持の言説を、少しだけ掲げておくことにしたい。オパーリンより一六歳若い分子生物学者の生命観である。

このシステムはその特性から言っても、その微視的な時計仕掛けのような働き……から言っても、いっさいの《弁証法的》記述に抵抗し、それに挑戦しているといってよい。それは根底からデカルト的であって、ヘーゲル的ではない。細胞はまさしく機械なのである（渡辺格・村上光彦訳）。

活動する科学者

ジョリオ＝キュリーの周辺　第二次大戦後、人類が原子爆弾の破壊力を体験し、人のみならず全生物に対する放射能の影響を思い知って、科学者たちは、核実験廃止、核兵器廃絶のために自らの力を発揮しなければならない責務を自覚した。第一次大戦中のイペリットガスなどの化学兵器による残酷な症状は、マルタン＝デュ＝ガール（一八八一〜一九五八）の『ティボー家の人々』（一九二二）に表現されて読み継がれていたが、核兵器による惨状、むごたらしさは、想像を超えていた。一九五〇年三月、世界平和会議総会で原子兵器禁止を要求する「ストックホルム・アピール」となり、五五年、バートランド＝ラッセル（一八七二〜一九七〇）や湯川秀樹（一九〇七〜八一）ら世界の科学者たちが世界各国首相に宛てた核戦争の危険の警告となった、科学者の運動や組織は、しかし、戦後になってはじめて経験されたものではなかった。

「われわれは……人民の大量殺戮の武器である原子兵器の絶対的な禁止を要求する……」と、ストックホルム・アピールを草案したフランスの原子物理学者フレデリック＝ジョリオ・キュリー（一九〇〇〜五八）が、その五年前、ロンドンで、旧知の科学者と再会したことが述べられている伝記の中から引用する。

核実験停止を求める科学者たち　オパーリン、バナール、ビカールらとフルシチョフ（中央）。1959年

ロンドンでは、ジョリオはすぐれた組織者であるルイ＝ラプキンの周囲で、フランス人科学者のグループにふたたび会うことができて非常に喜んだ。彼らは、戦争の間ずっとラプキンのおかげでフランスを逃れることができ、イギリス、カナダあるいは合衆国におちつくことのできた人々であった。また一九三九年以前に仏英両国間の科学的協力を発展させる目的でつくられた仏英科学者のグループの何人かのメンバーにも会えた。……（ピエール＝ビカール著、湯浅年子訳『F・ジョリオ＝キュリー　科学と平和の擁護者』）

この記述の中のイギリス人のメンバーに、前に述べたJ＝D＝バナールがいるが、ここで述べておきたいのは、フランスの生化学者ルイ＝ラプキン（一九〇四～四八）についてである。欧米で記録されているほどには、日本では注目されていない。外交官であった杉原千畝についていては、彼がヴィザを発給して、非常に多くのユダヤ人に日本経由で安全な国に移る道を可能にしたことが、最近になって注目され、また二〇〇一年にはその生誕一〇〇年の演劇企画なども行われて、記憶が継承されている。

オパーリンに一〇年遅れてロシアに生まれ、カナダを経てフランスに帰化したルイ＝ラプキンは、日本でも全く忘れ去られているわけではない。ナチスにドイツを追われてフランスに亡命する科学者たちをみて、「亡命科学者援助委員会」をつくり、彼らの生活と研究の継続のために努力したラプキンについての記述を見てみよう。

大戦でフランスが敗れ、ナチス・ドイツに占領された当時、ラプキンは召集をうけてロンドンにいましたが、母国の科学者の国外（英米および南米）亡命のための地下組織を作りました。仏国内の抵抗運動と協力し……、生命の危険にさらされている科学者の亡命を援助しました（江上不二夫「欧州自然科学における学問思想の自由の伝統」〔『科学の四季』所収〕）。

戦時中にも密接に連絡を取り合い、生命と研究を守ろうとした努力は、戦後、世界科学者連盟を生むことになった。一九四六年七月、ジョリオ・キュリーを委員長に選んでその活動を開始した。その「科学研究者憲章」の草案は、J＝D＝バナールが主に起草した。

ストックホルム・アピールを出した一九五〇年、世界平和会議がつくられることになり、八〇か国の代表はここでも、ジョリオを会長に選んだ。

平和運動とオパーリン

「一九五〇年世界平和会議でフランスに……世界平和会議の代表団員でルーマニア、チェコスロヴァキア、ドイツ民主共和国に……一九五三年世界科学者連盟でハンガリーへ……一九五四年世界科学者連盟でオーストリアへ。世界平和会議でスウェーデンへ」と、オパーリンの年譜（ソ連科学アカデミー発行）には、彼が五〇～六五年、頻繁にこうした活動で世界各国に派遣されていたことが記されている。作家エレンブルク、作曲家ショスタコーヴィチらと同行したこともあった。一九五〇～五九年は世界平和会議会員、一九五五年には世界科学者連盟副会長に選出され、五九年には再選されている。

一九五五年七月には、ラッセル・アインシュタイン宣言が発表されていた。アインシュタインがその死の直前に署名した宣言は、東西冷戦期における世界的に著名な科学者の、核兵器の放棄と戦争の廃絶に向けた緊迫した気持ちを表明している。そして、「世界の科学者たちおよび一般大衆に……決議に署名するよう」求めている。その決議は「私たちは世界の諸政府に、彼らの目的が世界戦争によっては促進されないことを自覚し、このことを公然と認めるよう勧告する。……彼らのあいだのあらゆる紛争問題の解決のための平和的な手段をみいだすよう勧告する」と結ばれている。

五五年に来日したオパーリンは、ある講演の中でこのことに言及して、ラッセルの提案に賛同する意思を表明している。「原子力の危険、戦時的利用による災害の大きさについては、みなさんに説明するまでもないでしょう。日本国民はまさに広島と長崎に原子爆弾をうけ、太平洋の水爆実験によって被害をうけた」と呼びかけ、熱っぽく語った。

ラッセル卿が今日原子力の危険について原子力会議を開こうとすることは、非常に大切な、そして将来に対する重要な提案です。

これについては政治的、イデオロギー的な制約が妨げとなるべきではないと思います。原子力の危険は政治的、イデオロギー的なものが制約する以上のものであります。

私は政治的、イデオロギー的にはラッセル卿とは違うものです。しかし私はこの方面における彼の提案、この種の提案はとりあげるべきだと思います（『生命の起原と生化学』所収）。


イギリスの貴族出身の哲学者バートランド＝ラッセルに対してオパーリンはその世界観に対する不協和音を感じていたのであろうか、あるいはむしろ、ラッセルの方が、ソ連の政府公認の学者としてのオパーリンとなじまなかったのであろうか。ラッセルがジョリオ‐キュリーに対して「私は反共産主義者だ、そしてあなたが共産主義者であるからこそ、私はあなたと協力したい」、といったと伝えられている。地域的に、あるいはイデオロギー的に、あるいは専門領域としても、隔った科学者たちの、響き合う心をここに聴くことができる。戦禍による荒廃の残る中、今後の核戦争への脅威に対して、科学者たちの奏するオーケストラは、広い大衆の合唱を伴って聞こえていた。原水爆禁止日本協議会が結成されたのが九月、オパーリンの講演は一一月七日であった。

晩年の日々

インタヴューで

一九五五年秋の訪日のあとオパーリンは、五七年秋に国際酵素学シンポジウムで、六七年夏には国際生化学連合の会議で、そして七七年春には生命の起原国際シンポジウムで日本を訪れた。六七、七七年には二度目の妻ニーナ＝ペトロヴナが同伴していた。

大柄で姿勢のよいオパーリンに対し、小柄で少し猫背、ブロンドの髪の美しい女性、ニーナ＝ペトロヴナのカップルは、七七年来日の折、ある出版社の企画したインタヴューに応じた。それは本の一つの章に「私の歩んできた道」として掲載された。「父・母、そして兄弟たち」「ダーウィン学説への傾倒」「革命の嵐の中で」「製糖研究所で働く」「生命の起原へのアプローチ」「生化学研究所の創設」「研究における基礎と応用」というこれまで言及した「科学におけるわが道」と重複のある七つの節のあと、ニーナ＝ペトロヴナに二つの節が奉げられている。「妻との出会い」「妻の献身に感謝」である。「最初に出会ったのは、カフカースの保養地ガーグラでのことでした」とオパーリンは、黒海の港町での若い日（一九三六）の思い出を語り始める。

アルメニア共和国での製茶の指導が終わって、汽船を利用して帰ろうとしているところでした……航路半ばでガーグラに立ち寄り、しばらく停泊したわけですが……これが最初の出会いです。……（オパーリン、ポナムペルマ、今堀共著『生命の起原への挑戦』）

四〇年ほど昔の、最初の出会いのことは、ここでは詳しく語られていない。実は、すでに述べたように当時オパーリンにはマリーヤ＝ヤーコヴレヴナがいたし、ニーナ＝ペトロヴナには森林技術者の夫コンスタンチン＝イヴァノヴィチがいた。しかし、そのことについては語られず、「彼女はすぐに私に深い印象を与え」たが、戦争のために二人は会うのもままならなくなった、とだけで各々の事情には触れられない。「独身」だった、という印象を与える語り口である。

着物姿のニーナ夫人とオパーリン
1977年4月

彼女はモスクワから疎開していくし、……生化学研究所はフルンゼに移りましたが、私の研究が食糧……に関するテーマであったために、兵站の関係でモスクワに呼びもどされました。兵士に穀物、ビタミンなどを供給する研究のために……（同書）

二〇年の愛のあと、二人の結婚は実現することになるが、英語教師であったニーナ＝ペトロヴナは、外国語の能力を発揮してオパーリンの論文を英訳し、また外国語の論文をロシア語に翻訳して研究補助的な役割を担い、当時の夫とともに郊外にあるオパーリンの別荘に住んだ。結婚に至るまでのそうした異例な事情には、インタヴューの場では口を噤《つぐ》んだままである。

ニーナ夫人の役割

インタヴューが行われた七七年四月、オパーリンは八三歳、腎臓病をかかえていた。

いまや私の生活、そして活動のすべては彼女に関係しています。……私にとって日常生活が日増しに辛いものとなっているので、彼女の助力はどうしても必要です。しかし、この面は……二義的なものです。……

もっともたいせつなのは、思想的な面です。……辛くてしようのない時に、道徳的に私を支えてくれます。また、学問的な面でも、私は彼女の読んでくれた後で、はじめて自分の論文を発表するようにしております（同書）。

オパーリンにとってのニーナ＝ペトロヴナの役割をまとめて、「やはり思想的な助力こそ重要です」といい、「思想的な共通性、共同の作業を第一に、英語の面での助力を第二に、そして第三には、彼女にとってはもっとも辛い仕事かもしれませんが、日常生活での仕事」を挙げている。

ミンクのストールを手離さず、にぶい赤のマニキュアに大きな指輪の目立つ、派手目な女性であった。英語のほかフランス語、イタリア語も話したという。オパーリンがここで、彼女に負うものと考えている「思想的な助力」が何を指すのか、具体的には不明である。

生化学研究所の所長の職からは離れなかったため、秘書の仕事はエリザヴェータ＝ワシーリエヴナ＝コスミンスカヤが務めていたし、そのほかにもオパーリンの論文草稿をまず読むスタッフにはこと欠かなかった筈である。著作の冒頭に置かれる生命についての考察の歴史や、ルィセンコ容認などの問題に、もしかしたらニーナ＝ペトロヴナの影響が現れているのであろうか。二六年の著作出版の直前に突如現れて、オパーリンの心を捉え、語学上の援助を通して終生オパーリンの人生と仕事にかかわっていった女性ニーナ＝ペトロヴナは、革命家で生化学研究所の創立者であったバッハや、オパーリンの所長時代に副所長を務めた共産党員生化学者ノライル＝マルチロソヴィチ＝シサキャンのような、オパーリンのお目付け役だったとするのは想像のしすぎであろうか。因みに「この本の各章を閲覧して貴重な御意見を……」と五七年版の序言に挙がっている五人の名の筆頭がシサキャンである。夫人が読んだあとではじめて論文を発表する、という発言の具体的に意味するところも明らかではないが、「思想的な」ということばは、「精神的な」というくらいの意味であったと解釈することも可能ではある。晩年のオパーリンに常に付き添い、外国では通訳の役割も果たしした彼女は、オパーリンの死後、長からずして亡くなった。アメリカの生化学者J＝オローは、オパーリンについての思い出の中に、わざわざ「彼のチャーミングな夫人ニーナ＝ペトロヴナがいつも付き添っていた」（一九九五）と記している。

オパーリンの家庭生活

モスクワのレーニン大通りには科学アカデミー常任委員会の建物や、バッハ生化学研究所などが、平行するヴァヴィロフ通りには分子生物学研究所がある。オパーリンは研究所の車で送迎されていたが、自宅は地下鉄アカデミーチェスカヤ駅の近く、ドミトリー・ウリヤーノフ通りに面する集合住宅の一〇階にあった。毛足の長い美しいネコがねそべり、アフリカの彫刻の面がいくつも壁を飾る居間兼食堂は広く、椅子やテーブルも豪華であった。大きなゼラニウムなどの植物の鉢が並ぶ部屋とベッドルームも別にあった。住宅事情の悪い六〇年代にも、ニーナ夫人との暮しはかなりな贅沢が許されていた。

レーニン大通りはサドーヴォエ・カリツォーと呼ばれる環状道路のオクチャーブリスカヤ駅から南西方向に伸びるが、地下鉄レーニン大通り駅のあたりからこの大通りに平行して、遺伝学者の弟で物理学者であったセルゲイ（一八九一〜一九五一）に因む名称のヴァヴィロフ通りが走る。ドミトリー・ウリヤーノフ通りはこのヴァヴィロフ通りに直交する余り大きくない道路である。

科学アカデミー会員の別荘地モズジンカでは、庭仕事をたのしんだ。バラを育てるのが好きだったと秘書が思い出を記している（一九九五）。五五年の訪日の折にも草花の種子を買って帰った。子どもがなかったため兄ドミトリーの息子イーゴリ（一九二九〜）を養子にしたが、モズジンカにはイーゴリも混じえてにぎやかな、活気ある生活があった。薪の用意など、若いイーゴリの力は不可欠であった。一九七〇年にはイーゴリに娘オリガが生まれる。〝孫〟については七七年のインタヴューでは軽く触れているだけであるが、幼い女の子のしぐさやことばは、老齢のオパーリンに大きな喜びを与えるものであったに違いない。

ブレジネフ時代と研究所 一九六四年三月二日、オパーリンの七〇歳の誕生日、科学と教育と社会活動五〇年を祝う記念の講演の夕べが催された。都心に近いクロポトキンスカヤにある科学アカデミーの会館で行われたオパーリンの講演の題目は「生命の起原の問題についての四〇年の仕事」。主催者側のいう「五〇年」というのは少し大げさ、という気持ちが込められたのかもしれない。このようなオパーリンの明るいユーモアも研究所の人々から親しまれた要素の一つであったろう。

その年の秋には、首相フルシチョフの解任が決定され、政治的にはブレジネフの時代に入る。ルィセンコは、アカデミー会員の称号はそのままであったが、重要な地位は解かれた。教育の場での遺伝学は改まり、研究の場でも正統な遺伝学分野を中心に財政的援助が与えられるなど、ルィセンコ遺伝学からの一新が図られた。

フルシチョフ時代に構想されたシベリアなどの大規模な科学センター都市や、学術衛星都市の建設が始まった。エンゲリガルトが五九年、モスクワに新設された分子生物学研究所の所長となったことは、前に述べた（第Ⅳ章）。エンゲリガルトがルィセンコを容認しなかったことも記憶にとどめておきたい。フルシチョフ時代の終わり近く、ルィセンコ派の人物の科学アカデミー会員推薦に際して、物理学者サハロフとともにエンゲリガルトが反対演説をしたことが伝えられている。

五〇年代からＤＮＡ、ＲＮＡの塩基の分析をしていた核酸研究の第一人者、中堅で若手のアレクサンドル＝セルゲーヴィチ＝スピリンも生化学研究所を離れて、六七年以来指導していた生物学研究センター都市に赴いた。モスクワから一二〇㎞の地、オカ河のほとりのプシシノである。木立ちの中の科学大通りに面して建ち並ぶ研究施設の一つ、蛋白質研究所の所長となった。彼は、のちのことになるが、七三年のサハロフ非難のアカデミー会員の書簡に署名しなかったことでも知られる。

生化学研究所の陰り

エンゲリガルトやスピリンのような世界的に著名で広い視野を持った生化学者が新しい場に赴き、それに伴って優秀な若い研究者たちもそれぞれに移動して、生化学研究所がかつて放っていた輝きにはしだいに陰りがみえてくる。老齢のオパーリンが所長を続けていたことも、新しい意欲や若い活気を呼び起こしにくくしたかもしれない。聴覚が衰え、健康状態が芳しくなくなってからもその地位に留ったことを、のちになって批判する声もあった。有名なアネクドートがある。

社会主義という列車が走っていると急に止まった。レーニンが見にやらせるとレールがなかった。レーニンは「土曜労働」を布告してレールを敷かせた。
スターリンの場合は、鉄道関係者を粛清して囚人たちにレールを建設させた。
フルシチョフは、後方のレールを取りはずして前方に据えさせた。
ブレジネフは、レールがないことがわかると、窓のカーテンを閉めて車輌をゆすらせ、列車が動いているように見せかけた。

社会主義という列車を揶揄《やゆ》しているこのアネクドートのように、オパーリンの生きたこれらの時代すべてが酷かったといえば正しくないであろう。スターリンの時代は論外として、のちに「停滞の時代」といわれたブレジネフ時代も、初期には悪くなかった、というのが客観的な評価である。オパーリンの所長時代（在任一九四六〜八〇）も長期に渡りすぎた弊害は確かにあったに違いない。

反サハロフ・キャンペーン　一九九一年にソ連が崩壊したのち、社会主義の時代をふり返って一まとめに「監獄にいるようだった」と語る人々もいる。そう語る彼らも授業料なしで高等教育を受け、さらには国家から奨学金も支給されて研究者、学者となったのである。研究手段も国家から保障されていた。確かに一方で、反体制作家や科学者に対する弾圧が厳しかったこともよく知られている。反サハロフ・キャンペーンもその一例であった。

アンドレイ＝ドミトリエヴィチ＝サハロフはオパーリンの息子の世代に属するといってもよい。

飢饉のさなか、モスクワのノヴォジェーヴィチ修道院近くで生まれた。

サハロフが反体制科学者と目されるのは、六八年七月二二日、「ニューヨーク・タイムス」に論文「進歩、平和共存、知的自由に関する考察」が発表されてからである。「プラハの春」といわれたチェコスロヴァキアに自由化が兆し、フランスでは「五月革命」といわれた学生デモがドゴール政権打倒を叫んでいた。ソ連国内では、ソルジェニーツィンが反体制作家と非難されていた。ソ連当局は八月二〇日、チェコスロヴァキアにソ連・東欧五か国軍を派遣した。

しかし、「プラハの春の掲げた希望はついえ」（『サハロフ回想録』）、ソルジェニーツィンに対して行われたように、サハロフ非難が始まった。アカデミー会員四〇人が署名したサハロフ非難の書簡が新聞に発表されたのである。それを皮切りに、「……科学研究機関、作家同盟、……あるいは個々の科学者、作家、医者、在郷軍人……そして牛乳搾り婦に至るまでが、義務で書かされた」投書が新聞紙上に掲載された、という。「ソ連科学者の名誉と威信を傷つける」と糾弾した科学者の書簡には、オパーリンの署名もあった。八〇歳近いオパーリンに署名を拒むエネルギーを求めるのは酷だという意見もある。しかし、同じ年齢の物理学者カピッツァは拒否したことも知られる。

一九八〇年春

モスクワ五輪の年であった一九八〇年、前年の年末にアフガニスタンで起こったクーデタにソ連が軍事介入、それをアメリカが非難して、八〇年三月ジュネーヴでモスクワ五輪ボイコット国の政府間会議開催。丁度そのころ、エーリッヒ＝フロムが世を去った。

ほぼひと月あとサルトルが、そして、四月末にはヒッチコックが亡くなった。二〇世紀を代表する心理学者、哲学者、映画監督が次々と消えていったわけであるが、オパーリンの死は、サルトルとヒッチコックの丁度あいだにはさまった四月二一日であった。サルトルが一九〇五年の生まれであるほかは、三人とも一九世紀末の生まれで、オパーリンが最年長であった。

死亡記事と追悼

——二四日のモスクワ放送によると、「生命の起原」の研究を創始したソ連の生化学者アレクサンドル＝オパーリン氏（ソ連科学アカデミー会員）は、長期の病気の後、二一日死去した。八六歳だった——と新聞記事は伝えた。七七年来日の折の写真も掲載して、四月末の新聞の科学欄にも関連記事「オパーリン博士を悼む学者たち」が取り上げられた。

生化学の国際会議が六一年夏にモスクワで開催されたあと、それを指揮したシサキャンは五年足らずで死去した。シサキャンは生化学研究所の最初からの同僚であった。一九三〇年代末の研究所員の集合写真（一七七ページ）には、オパーリン、バッハ、シサキャンが並んでいる。中で横向き加減のエンゲリガルトはオパーリンの死後四年、九〇歳近くまで生きた。

一九五七年、生命の起原の国際会議を画期とするオパーリンの研究歴、第四期（晩期）は、二二年以上に渡ったが、五六年以来ずっと、オパーリンの秘書をしたコスミンスカヤは晩年の所長を賛美して書いている。「オパーリンは非常に勇敢な方でした。晩年、老いと病いが見舞っても、決して苦痛を訴えることもなく、著述を続け、研究所を指揮しました」（一九九五）。生命の起原研究を継承したK＝L＝グラジーリンも全く同様に、「生涯の終わりの五年間の死に至る病いも科学者の行動や習慣に影響を与えることはなかった。研究所に出勤し、モスクワ大学で特別講義をし、健康上許される場合には外国にも出向いた。誰も（おそらく夫人以外は）、加減が悪いという訴えを聞くことがなかった。強い意志と自己管理の人で、明晰な頭脳で最後の日々まで働き続けた」（一九九五）と書く。

七七年の来日の際には、車椅子での移動であったし、ホテルではほとんど横になって休息をとることの多い状態であった。従って、この二人の証言を文字通りに受けとることはできない。しかし、七九年には遠くメキシコにも出張した。気分のすぐれない時にも明るい表情で、苦痛の激しい時も我慢して、オパーリンが最後まで所長職をこなしていた、ということが伝わってくる。ニーナ夫人が「オパーリンの活動のすべてを熟知していて、外国旅行の時には通訳をし、日々のトラブルから守り、最後の日々まで介護しました」とも、秘書は書いている。夫人の力添えが不可欠であったことも間違いないことであろう。

とはいえ、オパーリンが研究所員に愛され、尊敬されていなかったら、仕事を完うすることなどできるはずもなかった。生化学研究所に働く人々の力に支えられていたからこそのことであった。

激動とその後の研究所

オパーリンの死の三か月前、アフガニスタン侵攻に反対した物理学者サハロフはゴーリキー市に追放された。それが解かれるのは八六年、ゴルバチョフ書記長が「ペレストロイカ」を掲げたのちのことである。永かったブレジネフの時代が八二年秋に終わり、アンドロポフとチェルネンコがいずれも短期間、書記長に就任して世を去った。そして、ゴルバチョフの時代には希望が輝くかに見えた。

八六年四月のチェルノブィリ原子力発電所の事故のショックは大きかった。八九年には、グルジア、バルト三国などに独立を求める動きが大きくなり、ドイツではベルリンの壁が崩れた。モスクワでの生化学の国際会議開催中に突然造られてから二八年、隔てられていた東西ベルリンの壁がハンマーで打ち崩された。

ゴルバチョフが辞任し、ソ連消滅が宣言されたのは九一年のクリスマスの時期と重なった。とはいえ、ロシア正教は旧暦を用いているし、ソ連時代のモミの木祭《ヨールカ》は新年を祝う習わしになっていたため、クリスマスの時期と重なった、というのはあくまでも西欧側の見方である。

オパーリンの墓　ノヴォジェーヴィチ修道院。筆者撮影

ソ連は崩壊し、ソ連科学アカデミーもロシア科学アカデミーと改称されはしたが、バッハ生化学研究所はそのまま大きな変化もなく引き継がれて、一九九四年には、オパーリン生誕一〇〇年を祝うシンポジウムが催された。『進化生化学と物理化学生物学《フィジコケミカルバイオロジー》の関連分野、アカデミー会員A・I・オパーリンの思い出に献げる』（欧文）と題

された記念の書物は翌年出版された。蝶ネクタイをした肖像写真がそこにもある。

エピローグ——アリストテレス▼ダーウィン▼オパーリン

オパーリンの生涯と思想を展望する本書の紙幅もわずかになった。この残りのページを何で埋めるのが最も適切であろうか。来日の折々の横顔のスケッチ、モスクワの生化学研究所が生誕一〇〇年を記念して出した出版物の記事の抜萃もこれまでいくらか行ってきた。しかし、ここでは、五七年版の「基本的な思想と立場」の問題を思い起こして、今一度、その哲学的な側面に触れ、一筋縄ではいかないオパーリン理解に迫ってみたい。

広い読者を対象としたもののみならず学術書にも、オパーリンは、著作のはじめの一、二の章を問題の歴史的概要や方法論的考察に当てていることが多いことはすでに述べた。従って、とりたてて別のものを探さなくとも、オパーリンの考えの根底にあるもの、考える方法などについて窺い知ることはできる。しかし、ここではまず、哲学者と生物学者との共同による『生物的自然の弁証法』(一九六三)にあるオパーリンの言説に当たってみることにする。

エンゲルスの『自然の弁証法』はよく知られている。それに倣って、生物という自然、生物的自然についての弁証法を論じたこの著作は、日本では『生物界の弁証法』(新科学文献刊行会)として邦訳された。

ソ連の科学史家ジョレス＝メドヴェジェフによれば、ソ連で、「科学を〝社会主義〟科学と〝ブルジョア〟科学とに人為的に分けることは間違い」だということがはっきりしたのはブレジネフ時代になってからであるという。今、参照しようとしている文献は、科学に党派性があるとする前提に立つ。すでに第Ⅵ章の「大衆に向けて」で、オパーリンの五三年版の通俗書、六〇年の啓蒙書について見てきたが、『生物的自然の弁証法』はある意味で六〇年版の流れともいえる。

この本は序文、序説と三部構成の一二章からなるが、オパーリンはその最初の章「生命、物質の異なった運動形態によるその相互関係」のみを執筆している。おもしろいことにこの本は、ソ連生物学が過渡期にあることを自ら認めたもので、DNAやウィルスなどについての見解に、執筆者による違いがあることを全体の序文でわざわざ断っている。オパーリンに関しては、一九六一年の国際生化学会議を経たこの六三年の論考が、DNAを受容する新しい立場を示していることはいうまでもない。

オパーリンの論考は四つの節「物質の運動の基本諸形態、それらのあいだの共通性と質的差異」「生命の本質に関する生気論と機械論」「生命の起原の歴史――それは生命の本質を理解する鍵である」「無生物から生物への移行過程における自然淘汰の役割」からなる。この本の刊行の目的に沿った形で、オパーリンがエンゲルスの生命の定義「生命とは蛋白体の存在様式である……」を引用していることは当然であるし、第一節の冒頭近くでも、物質の運動形態について『自然の弁証法』から引用している。後半の二つの節は、自然科学の成果に基づいたオパーリン自身の生命起原論となっていて、アメリカのミラーの始原大気の実験や、日本の赤堀四郎の業績が、有機物資の大気圏内での形成、その後の蛋白質や核酸など高分子形成の万能性を示すものとして紹介されている。〝ブルジョア〟科学を排除する立場でないことは明らかである。

弁証法と機械論

モノーについて（第Ⅵ章）言及した際、機械論と弁証法に関してオパーリンがどのように述べているか素通りしたが、そのような方法論的側面と、科学研究の関係、哲学と自然科学の関係を、オパーリンはどのように捉えていたか、覗うことはできるであろうか。オパーリン自身の最後の学術書（六六年版）から関連する箇所を引用してみよう。

弁証法的唯物論は、生命を物質の運動の質的に特殊な型と見なし、生命の認識の課題を機械論とは異なった方式で表す。後者にとっては、この問題は生命現象を物理的化学的過程に完全に帰するところにある。反対に、唯物弁証法的な観点からすれば、生命の認識において重要なことは、物質運動の他の諸形態との質的な差を確立することにある。（特殊な物質運動形態としての）生命のもっとも端的な表現は、生命とそれをとりまく外部環境との特殊な相互関係、生体とその存在の条件の弁証法的統一に存する。

この統一の基礎になっているのは生物的な物質代謝（交換）である。……（石本真訳『生命の起原――生命の生成と初期の発展』）

一九六〇年の一般向けの著作にも生命を理解する上で弁証法的唯物論の観点の意義が書かれているこ とはすでに見たが、この引用の前には、生命の認識についてばかりでなく、一般的な物質の運動形態についてエンゲルスの説「物質は絶えざる運動にある」(第V章で引用した)が示されていて、オパーリンの、それの提示の意味が訝《いぶ》かられもする。

しかし、「弁証法的唯物論によれば、物質は絶えざる運動にある」で始まる一節が「物質の発展の過程」に展開し、次の節で「この発展の過程は……周りの世界のどこにも観察される」と受けられ、「物質的対象の新しい質は、……物質発展のその段階においてのみ、運動のより複雑で多様で、豊富に分化した形態として新しく生ずるのである」と結ばれる時、無生物から生物へ、という生命の起原の課題にもかかわっていることが知られる。そして、さらに次に続く節が、「新しい質の発生にあたって以前の物質の運動形態は消滅しない」と始まり、その「質的に新しい自然の物質のその後の運命はその特性と新しい客観的な法則性によって基本的に決定される。その法則性は単純な解析によって以前のもっと原始的な諸形態へ帰着させることはできない」という時、生物の問題をすべて化学や物理の問題に還元することはできないこと、生命を持たない物質から生命への移行の問題をこれから論じようとする心構えをオパーリンが示そうとしている、と察しがつく。

しかし、弁証法は、説明・説得の方法として使われていて、オパーリンの研究にとって必要で有効な方法であったとは思われない。

六六年の著作の序論でオパーリンは、アリストテレスの「起原と発展を知るとき、はじめて物の本質を知ることができる」を引いている。科学者オパーリンの立場を明らかにしようとする時、機械的唯物論か弁証法的唯物論か、というほど表立った問題ではないが、最後に取り上げたいのは、この古代の大哲学者で博物学者、また生物学の祖ともされるアリストテレスの評価に関してである。結論を先に言えば、オパーリンのそれはかなり一貫している。彼の思想についてのしめくくりとして時系列に沿って見ていくことにしたい。

アリストテレスの評価

一九二四年のブックレットの第一章では、

この［生命の起原の］問題について、最初の自然学者たちも、実に素朴に答えた。アリストテレスのような古代の秀でた賢人にとってさえ、動物は、蠕虫《ぜんちゅう》や昆虫や魚でも、大した困難なく泥土から生じ得るということであった。困難どころか、この哲学者は、乾いたものは湿れば、また逆に湿ったものは乾けば、動物を生み出すと確言している。

このように述べたあと、中世への影響について、その後の変容について語る。「アリストテレスの権威は、中世の学者の見解に絶大な影響を持った。この哲学者の考えは、教会の教父の頭の中で彼らの学説とからまりあった。」

一九三六年の著作の第一章では、アリストテレスの概念が、『動物部分論』、『動物発生論』などで知られることを述べ、自然発生についての記述を紹介する。

生物は、他の具体的事物と同じく、……「質料」と……「形相」（これは生物の「エンテレキー」または霊魂をなす）との結合によって作り出される。

として、土と気、水、熱［火］の作用を解説し、「以上アリストテレスの見解を長々と紹介したが、それはこの哲学者の見解が後の生物起原論の全歴史を支配したからに外ならない」（山田坂仁訳）。

一九五七年の著作の第一章では、

アリストテレスはその論文中で単に自然発生のいろいろな例を記述しただけではなかった。とくに重要なことは、かれがこの現象に一定の理論的解釈をあたえ、自分の自然発生学説をつくりだしたことである。時の流れとともに、かれの観点はいくらか変えられたように思われるが、結局かれの観点は生命の起原に関する観念論的概念の基礎となった（石本真訳）。

三六年、五七年のどちらの著作にも、質料、形相、エンテレケイヤなどによるアリストテレスの生物の説明、自然発生論についての言及がある。五七年版の少し前、五三年の大衆向け著作には、特にここで取り上げる点はない。しかしこの五七年版には、中世のアリストテレス学者についてのレーニンの引用部分があることが目につく。

レーニンの適切な表現方法をかりるなら、「スコラ学派と法皇の御用学者たちは、アリストテレスにおける死んだものを採用し、生きたものはとらなかった……」。中でも生命の起原の問題については、中世の神学者たちによって自然発生に関する学説が広く発達させられた。

一九六〇年の著作『生命——その本質、起原、発展』の第一章では、生命の起原を中心に扱っている他の著作とはいささか性格が異なる。二重性を帯び、ルィセンコ主義を払拭していない著作でもあることはすでに述べた（第VI章）。

観念論の代弁者たちは、生命の本質を、なにか永遠な、物質を超越した、実験的にとらえがたい根元のなかに見出す。これはプラトンの「プシヘーヤ」であり、アリストテレスの「エンテレケイヤ」であり、いろいろの宗教学説と信仰の不滅の霊魂とか神の……、カントの……ヘーゲルの……

と述べたあと、生物の持つ合目的性について、

アリストテレスは生物の持つこの特異性を、生命の根本にある「エンテレケイヤ」「それ自体に目的を持つ原理」と表現した。

その後このアリストテレスの「エンテレケイヤ」説は、強い観念論的な色彩をおびるに至った。この説は種々の宗教的信仰と哲学の学説とに表現されて二〇〇〇年以上を経過し……

と、二〇世紀の生気論的見解につながったと述べる。

オパーリンは、前者の引用に見られるようにアリストテレスを「観念論の代弁者」と規定しているようでありながら、実はそうでなく、アリストテレス哲学の継承の経過で、「観念論的な色彩をおびた」と言明している。

「エンテレケイヤ」と表現されていた合目的性はダーウィンの自然淘汰理論で解決されたとし、この章の結びには、

かくして私たちは本書の基礎をなす根本思想に到達する。それはヘラクレイトスによってはじめて体系化され、つづいてアリストテレスが著作で述べた「事物の起原と発展を知ることによって、はじめてその本質が理解される」ということにほかならない（石本真訳）。

と、真っ直ぐアリストテレスにもどっていく。この基本的立場の表明は六六年の著作の序論に引き継がれるが、アリストテレスについての記述に見られる微妙な複雑性に、六〇年の著作の位置が表れているといえるかもしれない。

同じように一般向けに書かれた最後の著作の明解な記述と対比することによって、そのことはのちに明らかになるであろう。五三年の著作には政治的な配慮がふんだんに見られたがアリストテレスの記述には特に細工はない。六〇年の著作にはいささかの細工が感じられ、七七年の著作のように明解ではない。

一九六六年の著作の序論では、

すでに古代ギリシアの偉大な弁証法家ヘラクレイトスのその跡をついだアリストテレスは「起原と発展を知るとき、はじめて物の本質を知ることができる」と言っている。この言葉の極めて深い意味は生命の認識においても全く同じである（石本真訳）。

続く第一章に、アリストテレスの自然発生についての説、観念論の基礎としての位置などが語られるが、どれも五七年の学術書と特段の変化はなく、レーニンの引用も同じである。「生命の本質は、その発生の歴史を知ることなしには認識できない」という第Ⅵ章「大衆に向けて」で言及したアリストテレスの発言と共鳴するオパーリンのことばは、若い時代からのオパーリンの姿勢ではあったものの、はっきりした形で表現されたのは六〇年になってからであった。

一九七七年の一般向けの著作の第一章では、アリストテレスについての評価、アリストテレス哲学の歴史的変容について明確に記されている、という点で、この最後の著作は特徴的である。「生命の本質とその起原に関する学説の発展の歴史において決定的な重要性を持った」と、アリストテレスの意義が確認されたあと、

アリストテレスは、当時までに蓄積したすべての事実の材料を網羅した古代科学の達成のもっとも広汎な総合を人類に与えた。観察や経験によって得られるこの材料に、アリストテレスは理論的要約を行って基本的な意義を示した。……

研究方法からいえば、アリストテレスは相当程度自然科学者であった。しかし、かれの哲学的な学説は二重性を持っていた。それは、唯物論的な概念も観念論的な概念も含んでいた。

とし、唯物論的な側面として、プラトンの観念論に対する批判を挙げている。

さらに、魂と始原物質が生物体という統一体をつくるという考えを紹介し、「エンテレケイアは目的志向的に生物の多様な活動とそのすべての発展とを方向づける」と説明し、かつてのような「観

念論の代弁者」の考え出した概念という見方は現れていない。レーニンの権威に訴えることもなく、アリストテレスの生物学・哲学を論じている。

次世代に引き渡すもの

　このように見て来て納得されるのは、オパーリンの若い時代から変わることのないアリストテレス評価である。進化論者ダーウィンがアリストテレスを尊敬したのはよく知られているが、生化学者オパーリンは博物学についてはどう考えていたのであろうか。オパーリンの五五年の来日の折、ワインの原料としてのブドウの種類を判定したことが語り継がれていて、これは工業生化学者としての側面を表したものといわれるが、その後の来日ではオタマジャクシを見てカエルの種類を当てたともいう。博物学的素養を軽んじなかったといえよう。オパーリンは、ダーウィンとアリストテレスという二人の大博物学者を尊敬していたに違いない。このことは、オパーリンの著作を手に取ってみても、常に新しい科学知識の摂取に努めながら、古代からの生物の認識の歩みに心を向けることを忘れなかったことからも知られる。

「リネウスとキュヴィエはともに私にとっての神でした。しかし……ふたりとも昔のアリストテレスに比べれば、学校に通う子どもでしかありません」というのは、ダーウィンの手紙の中のことばとしてよく知られている。これのオパーリン版を考えるとしたら、どうなるであろうか。植物学者で進化論者《ダーウィニスト》として自国のチミリャーゼフ、動物学者で進化理論の創始者としてダーウィンを挙げた上でアリストテレスを讃える、という図もあり得る。しかし、まず生物学の祖として古代のアリストテレスを挙げ、次にチミリャーゼフに感謝し、最後に最も影響力のあった生物学者としてダーウィンを讃える、という方がオパーリンらしいようにも思われる。いずれにしても単なる想像、である。

他方、博物学者としてではなく、哲学者としてのアリストテレスを見る時、「その哲学的な学説は二重性を持っていた……」とオパーリンが言う時、六〇年代までの著作の二重性にオパーリン自身が気づいていることを感じて、われわれは複雑な時代と社会に生きたオパーリンへの同情を禁じ得ない。あのいつも絶やさない笑みの中に、きっちりと世界の次世代に引き渡すものを堅持して生きたことも理解されよう。

あとがきにかえて――執筆の動機のことなど

ロシアの森にわけ入るつもりの足どりで、オパーリンの「人と思想」をたどって来た。この歩みは、帝政ロシア末期、そして革命後ソヴィエトとなったその最初から崩壊近くまでを跡づけることであり、ほとんど二〇世紀全体を見渡すことであった。そして一方では、ロシアの文学や音楽を愛する日本の人々の思いを省みることとともなったように思う。とりわけ第二次大戦前後の日本の知的世界にとって、社会主義国ソ連の存在は看過できないものであった。戦後一〇年を経た秋のオパーリン来日から本書を書き始めたのは、そのような意味を感じてのことでもある。

しかし、この方法は適切だったのであろうか。仮に、一九世紀のイギリスに生きた進化論者ダーウィンや、ロシアの作家ドストエフスキーについての本を書く場合を考えてみる。それらの評伝は、英国やロシアで発行される各々と、構成や内容項目が大きく異ならないのが普通で、ことさら日本との関係、日本におけるダーウィニズムの受容についてとか、ドストエフスキーの作品の日本への影響について記述することが不可欠だとは思われない。

それに対して、二〇世紀に生き、日本の科学者と直接、多方面に渡る交流のあったオパーリンについては、ソ連、ロシアで発行される一般的な伝記と異なった面、日本との関連に光が当てられてもよいのではないか。少なくとも筆者にはそう思われた。そして、一九五五年の来日を抜きにオパーリンを語ることはできない、と。その結果、本書の与えるオパーリン像にはある種の歪みを伴うことになったかもしれない。

日本を視座に入れるという方法が適切であったか否かはともかくとして、五五年の来日を抜きに語ることができないという点についてはどうであろうか。オパーリンにとっても訪日が大きな印象を残すものであったことは、間違いないところであるが、この件は多少、情緒的なことに属する。

そもそも本書執筆の動機の一つに、初来日の熱気を子どもながらに感じた者として、それを次世代に伝えたいという思いがあった。「抜きに語ることはできない」というのは、実は、筆者の主観的な思いなのである。B五判黄土色で四〇ページほどの冊子が遺っている。『現代自然科学の成果から見た生命の起源』で、日本生化学会が創立三〇周年記念総会に招いたオパーリンの講演会のために出版したものである。左ページにロシア語を配した対訳である。その意気込みと、当時の人々の向上心、あるいは好奇心に心が震える。もし、客観的で、標準となるようなオパーリン伝が求められるのならば、全く別の書き手に委ねられねばならない。

とはいえ、客観性を無視した訳ではなく、ロシア、ソ連の社会に生きたオパーリンを描き、著作各版の異同に注意して学説の変化を探り、生物学やその他の科学の流れの中に彼の業績を位置づけようと努めたことも確かである。その際、ことさらロシアの文学や戦後のソ連映画の記述に走りすぎたり（第Ⅰ、Ⅱ章）、三〇～四〇年代のソ連という森にわけ入って小路に迷い、道草をくったりしたところもある（第Ⅳ章）。

第Ⅲ章と第Ⅴ章では、オパーリンの著作の科学的内容に直に触れることを主眼とした。そして第Ⅵ章、エピローグでは晩年の私生活や哲学的な意味合いを持つ部分を扱った。オパーリンの著作のどれもが入手困難な現在、生命の起原研究の古典ともいえる三六年版も含めて、彼の思想形成のプロセスを考える材料を提供したいと思った。これが本書執筆の第二の動機といえる。

著作の主なものは邦訳されているし、五〇年代には、小さな記事や冊子も邦訳紹介されたが、二四年のブックレットは別で、英訳が広まっているものの邦訳はなく、しかも、三六年以降のオパーリンの思想とはかなり異なっているため、本書では、ロシア語版をもとにいくらか詳しく紹介した。貴重な資料をモスクワのレーニン図書館からお借りしたことを記して、同図書館と仲介の労を執ってくださった東京工業大学附属図書館の方々に感謝の意を示したい。

三六年版は本文中にも記したように、戦前に、哲学者山田坂仁氏によって、アメリカ合衆国の英訳版から、邦訳出版され、戦後にも再刊された。また、五七年、六〇年、六六年、七七年の各著作を原著から精力的に翻訳紹介されたのは生化学者石本真氏で、本書執筆中、終始、これら邦訳書を参照させていただいた（筆者が手もとに所持するロシア語原著は五七年の学術書と、六〇年の普及書の六八年に出た改訂版のみである。三六年の原著は手にする機会がなかったが、四一年版はロシア語版の複写を参照することができた）。

戦前のものも含めてオパーリンの著作が、それぞれの時代の若い人々や日本の科学界に与えた影響の大きさが改めて偲ばれるところであるが、本書執筆の終わり近く、第Ⅵ章にさしかかったところで、石本真先生の突然の訃報に接した（二〇〇二年一月六日）。オパーリンの著作の翻訳に加えて、生化学者として、教育者として、そしてまたロシア、ソヴィエト音楽の愛好家としての氏が、日本とソ連の人々の友好親善、文化交流のために果たされた仕事の大きさは測り知れない。ソ連の水爆実験の地、カザフスタンのセミパラチンスクの調査にも赴かれた。

七七年四月、生命の起原国際会議のために来日したオパーリンの「滞日追跡レポート」という石本真先生の手になる記事がある（日ソ協会機関紙「日本とソビエト」七七年五月一五日）。

　今度は病軀を押しての訪日で……足が不自由で歩行がゆっくりになられたが、身長一八〇センチ、九〇キロの巨体には衰えは感じられず、にこやかにあいさつしてくださった。……
　オパーリン博士がいつまでも健康で、学問の発展とともに日ソ両国民の交流発展を見まもってくださることを心から望む……

と、オパーリンとの、深い親交の思いをこめて記された、その石本真先生も今は亡い。

一方、生命の起原についての研究は途絶えるどころか、一層現実味をもって拡がり、議論も盛んになっている。「生命」の定義も単純ではなくなろう。

生命の本質を知りたかったら、その起原と発展という生命の歴史を探求しなければならない、とオパーリンはいう。生命の歴史を探ることによって生物の本質に迫ろうとしたオパーリンはまた、研究の歴史にも視線を注いだ。生命の起原について語る時、必ず、まずその研究の歴史にページを割いた。筆者の第二の動機とも関連することであるが、オパーリンを描き、生命の起原研究史の原点に遡ることで、将来自然科学としての生命科学の路に進もうとしている若い人たちにいくらかでも寄与したいと思う。それが本書執筆の三つ目の動機である。生物進化の思想の上に、天文学、化学、生化学などの科学の成果を総合的に取り込んで成立した学説である生命起原論、その余りの荘大さに、筆者の力量不足は否めず、思いは宙ぶらりんである。生命起原研究の過去の歴史も、まだ探求不足ではあるが、研究の発展と学説の普及に熱い心を燃やし続けたオパーリンの生涯に思いを馳せることで、小さいながら一つの仕事を終えようとしている現在を、幸いに感じている。

四番目の執筆の動機は、モスクワの人々の友情に応えたい、ということであった。一九六五年夏、モスクワのバッハ生化学研究所をはじめて訪ねて以来、何人もの人々と親しく交流し、その度に近郊の博物館・記念館や、オカ河沿いのプシシノの風景にもなじみ、森林をともに散策してロシアの空気を吸収した。

オパーリン関係の資料収集を意図して訪問した八九年には、科学史技術史研究所のシャーミン先生夫妻（夫人の旧姓はクリヴォボーコヴァ。『A・N・バッハ』の著者の一人）のお世話で、オパーリンの生家の遺るウグリチを訪ねることができた。同じ年、生化学研究所の御配慮で、モスクワ在住の義理の息子（本来は甥）イーゴリ＝ドミトリエヴィチ＝オパーリン氏にインタヴューする機会も得、オパーリンの家族や青年時代の写真の複写を作っていただいた。またその娘、オパーリンからいえば義理の孫娘オリガさんの案内でオパーリン家のお墓にもうかがうことができた。バッハ生化学研究所では、永年に渡って代々の所長秘書を務めるコスミンスカヤ女史や進化生化学研究室のオルロフスキー博士から、滞在中、そして帰国後にも、写真や多くの資料提供を受けた。モスクワの方々にはこの場を借りて、厚くお礼申し上げたい。

しかし、残された問題はいくつもある。これ以上の資料を掘り出せなかった筆者の力量不足ではあるが、接近しながら足どりが重くなり、結論が出せなかったことの一つは、科学と政治、ソ連社会で生きた科学者としてのオパーリン、の問題である。当時の人々の、粛清についての一般的な恐怖はしばしば語られ、アネクドートにもなっているにしても、アメリカの科学史家のオパーリンに向けてのインタヴューに対する晩年の応答にはもの足りない思いが残る。

平常時に「処世術」といわれる以上の技術が当時のソ連では必要とされた、としても、科学者オパーリンが「政治的人間」として生きようとしたかといえば、そうとは思われない。ただ、オパーリンは、存在する秩序、体制の中でやっていこうとする人間であったと思われる。自然科学については外国の新しい成果を吸収することに努める科学者であった。したたかに生きた学者とも言える。体制内の人間であるために、政治的な観点から著作に施した加筆や、人事面での配慮、のちに夫人になったニーナ゠ペトロヴナの力添えその他もあったに違いない。しかしこれ以上の接近は、筆者には困難であった。ロシア国内での今後の客観的、標準的な評伝の成立に俟ちたい。

幼少期の家族との交流や成長の過程、結婚などについても不明なところは多い。最初の妻マリーヤ＝ヤーコブレヴナについては、オパーリン自身が口を噤んでいることに加えて、オパーリン没後に出版（一九八四）され、ニーナ夫人から干渉があったというソ連時代の評伝（V＝ミハイロフ著）から得られる情報はなく、知り得たことはただ、モスクワでの伝聞のみである。深く尊敬し、亡くなった時にオパーリンは、大きな花束を捧げた、と聞いた。

そうした意味からも、はじめに述べた歪みからも、標準的、全面的な伝記という点では、本書は満足できるものになっていない。オパーリンの真実に迫る点で不十分でもある。ロシアの森の散策の気分では、到底おぼつかないことではある。

しかし、もし本書が少しでも、生命起原論やオパーリンの思想に触れるきっかけになり、彼の生きた時代や社会についての関心、生命科学への興味を呼び起こすことができたとすれば、これ以上の喜びはない。筆者の目的は十分達せられたと考えたい。

オパーリンの誕生日三月二日が過ぎて間もない八日は、国際婦人デー。日本ではほとんど祝う習慣がないが、ソ連時代には必ず女性にミモザなどの花を贈り、パーティも催された。生化学研究所でのそうした集いでは、オパーリンも詩を朗読した、という。いつものように蝶ネクタイで決めていたのであろうか。四月二一日は命日。毎年春になるとオパーリンを思い出す筆者である。東西の冷戦は終わっても、オパーリンが希求していた世界の平和は遠い。地球と生命の歴史に心を寄せるオパーリンは、核兵器の廃棄を望んでいた。

西欧に倣ってつくられたペテルブルクがレニングラードと呼ばれていた時期にも西欧の風を帯びていたのに対し、モスクワはあくまでもロシアであった。少なくとも、オパーリンの生きた時代には。オパーリンはほとんど外国語を話そうとしなかった。オパーリンばかりでなくモスクワの人々は、外国人が、たとえ稚拙であってもロシア語を話すのを大いに歓迎した。しかし、これも今後変わっていくであろう。経済活動の変化、コンピュータの普及などによってか、日常語にどんどん英語が取り入れられ、看板にも目立つようになっている、と聞く。

オパーリンについてまとめてみたいと思い立って以来、なんとたくさんの方々が私を見守り、資料を教示し、惜しげもなく貸し与えてくださり、励ましてくださったことだろうか。私の調査は下手なロシア語のおかげを被って、交流は本書執筆後も続き、二〇一一年には、バッハ生化学研究所創立七五年記念の豪華な出版物を贈られ恐縮した。コスミンスカヤ女史によるオパーリンとそれ以降の歴代の所長についての想い出も収められている。四〇〇頁ほど、赤地に金文字を配した表紙も、重々しい。

何より残念なのは、モスクワからウグリチまで車で連れて行ってくださり、その後もいろいろ気遣ってくださったシャーミン先生が亡くなったことであるが、筆者がこの仕事を放棄してしまわなかったのは、お一人お一人のお名前を挙げることのできないたくさんの方々――ソ連、ロシアばかりでなく、国内でも――のおかげと思い、ありがたく、心から感謝している。折角の資料を生かしきれなかったことも赦していただかなければならない。

また、故八杉龍一先生が東工大の研究室に遺してくださった書物や、生化学者であった父、江上不二夫の所持していた資料が役立ったことは言うまでもない。恩師と父に感謝の気持ちを捧げたい。さらに私的なことではあるが、父母の遺品の整理などのわずらわしさを引き受けていた妹が手渡してくれた父の書類や写真の箱の中から、ニーナ夫人の着物姿の写真（本文中に掲載）を見つけたことも記しておきたい。そして最後になってしまったが、「人と思想」シリーズの拙著『ダーウィン』を担当してくださって以来、本書のためにも長期に渡ってお世話くださった清水書院の徳永隆氏、新装版刊行のためにお骨折りくださった中沖栄氏に感謝し、お礼を申し上げたい。

付記

本書の原稿は東工大在職中の二〇〇二年に書き上がっていたが、初版発行は二〇〇八年三月となった。そのため、〇七年夏および一六年春に多少手直しする機会を得たが、全体の構成、文章に大きな変更はなく、「あとがきにかえて」も同様である。日本ではこれまで余り紹介されて来なかったオパーリンの最初の生命起原論（一九二四年）の概要を第Ⅲ章に記した。それとの対比のために第Ⅴ章に、世界的に影響を与えた三六年版「第九章結論」の全文を掲げて、二四年版からの大きな飛躍を示したかったが、総ページ数の関係で断念せざるを得なかった。

二〇一六年　春　　筆者

オパーリン年譜

西暦	年齢	年譜	参考事項
一八五八		父イヴァン誕生（〜一九二五）。	
六〇			パストゥール、自然発生説否定の実験（〜六二）。
七一		母アレクサンドラ誕生（〜一九三三）。	
八一			「人民の意志」派、アレクサンドル二世暗殺。
八五			パストゥール、狂犬病のワクチン開発。
八九			チミリャーゼフ、論文「反ダーウィン主義者の無力な中傷」
九〇		姉アレクサンドラ誕生（〜一九三三）。	
九一		兄ドミトリー誕生（〜一九七八）。	
九二			イヴァノフスキー、ウィルス発見。
九四		3・2、アレクサンドル＝イヴァノヴィチ＝オパーリン、ウグリチに生まれる。	アレクサンドル三世死去。ニコライ二世即位。 レヴィタン「永遠の静寂の上に」

一八九七	3		ブフナー兄弟、無細胞系の発酵。
九八	4		チェーホフ『かもめ』上演。
一九〇〇	6		メンデルの法則、再発見。
〇三ころ	9	家庭教師による初等教育を受けたのち、兄とともにモスクワ第二ギムナジウムで学ぶ（〜一三）。	
〇四	10	ギムナジウム在学中に、チミリャーゼフの『植物の生活』を読む。また、博物館でチミリャーゼフの講義を聴く。	日露戦争おこる（〜〇五）。 パヴロフ、消化の研究でノーベル賞受賞。 ツィオルコフスキー、ロケットの理論発表。
〇五	11		「血の日曜日」事件。
〇六	12		アルレニウス「パンスペルミア」説発表。
〇八	14		メチニコフとエールリッヒ、ノーベル賞受賞。
一一	17		文相カッソの弾圧により、チミリャーゼフら大学を去る。
一二	18	ギムナジウムを卒業し、モスクワ大学物理数学部自然科学科に入学（〜一七）。	

一九一三	19		ヘルツシュプルング、ラッセル、「恒星の進化について」
一四	20		第一次世界大戦おこる（〜一八）。ドイツ、対露宣戦布告。ペテルブルク、ペトログラードに改称。
一五	21	大戦下、製薬工場でアスピリン製造などに従事。	ジーンズ、太陽系の起源に関する潮汐説。
一六	22		
一七	23	モスクワ大学を卒業し、教授称号準備のために植物生理学講座に残る。マリーヤ＝ヤーコヴレヴナと結婚。	2月、ブルジョワ民主主義革命。ニコライ二世退位。ペトログラードで蜂起。11月、社会主義革命。生化学者バッハ、亡命先のスイスから帰国。
一八	24		オズボーン『生命の起原と進化』
二一	27		新経済政策（ネップ）導入。飢饉が広がる（〜二三）。コストィチェフ『地球上における生命の出現』
二二	28	ドイツの生理化学者コッセルのもとに留学。	ドイツ、インフレ進行。スターリン、党書記長に。

一九二三	29	生命起原について口頭発表（ロシア植物学会モスクワ支部にて）。 姉アレクサンドラ、死去。	
二四	30	ブックレット『生命の起原』刊行。	レーニン死去。ペトログラードをレニングラードに改称。 コロンタイ『赤い恋』
二五	31	父イヴァン、死去。	
二六	32	モスクワ大学で「生命過程の化学的基礎」開講。	モーガン『遺伝子説』
二七	33	中央製糖研究所の生化学研究室主任となる（～三四）。	エイゼンシュテイン「船艦ポチョムキン」（パリにて）上映。
			第一次五ヵ年計画
二九	35		ホールデン「生命の起原」 トロツキー、国外追放。 ヴァヴィロフ、訪日。
三〇	36		マヤコフスキー、自殺。
三一	37	生化学者バッハの研究所で研究（～三四）。 モスクワ大学で技術生化学の講義行う。	ブンゲンベルグ・デ・ヨング、「コアセルヴェーション」
三三	39	母アレクサンドラ、死去。	南部穀倉地帯で飢饉（～三四）。 エムデン、マイヤーホフら、解糖とアルコール発酵の新模式。 フェルスマン『地球化学』

一九三四	40	学位論文審査なしで生物科学博士号を取得。	科学アカデミー、モスクワ移転。
三五	41	ソ連科学アカデミー生化学研究所が設立され、バッハ所長のもとで副所長を務める（～四六）。	モスクワに地下鉄開通。ラッセル『太陽系とその起原』スタンレー、タバコ・モザイクウィルス結晶化。ヴァヴィロフ、農業科学アカデミー総裁を解任。
三六	42	ニーナ＝ペトロヴナと出会う。学術書『地球上の生命の発生』を刊行。	ジノヴィエフ、カーメネフら処刑される。スターリン憲法、制定。
三七	43	モスクワ食品工業大学教授を務める（～四七）。	クレブズら、クエン酸回路表示。モスクワで開催予定の国際遺伝学会延期となる（三九年にエディンバラで開催）。
三八	44	三六年の著作がアメリカで英訳刊行される。	ブハーリンら処刑される。ルィセンコ、農業科学アカデミー総裁となる（～五六）。
三九	45	ソ連科学アカデミー通信会員に選出される。	ドイツ、ポーランド侵入し、第二次世界大戦勃発。エンゲリガルト、筋収縮にATPアーゼ関与を示す。
四〇	46		ヴァヴィロフ、逮捕される。

一九四一	47	学術書『地球上の生命の発生』第二版（三六年版に加筆・補足）刊行。三六年の著作の英訳書（三八）からの邦訳『生命の起原』刊行される。生化学研究所、キルギス共和国の首都フルンゼ（現ビシュケク）に疎開（～四四）。	ナチス・ドイツ、ソ連に侵攻し、独ソ戦始まる。ドイツ軍、レニングラードを包囲。
四二	48	モスクワ大学の植物生化学講座を指導（～六〇）。	
四三	49		ヴァヴィロフ、獄死。
四四	50	ヴィタミン剤の赤軍への供給により労働赤旗勲章を授与される。	シュレディンガー『生命とは何か——生細胞の物理的側面』（邦訳は一九五一）エイヴリー、肺炎双球菌、形質変換因子の単離。ビードルとテイタム、アカパンカビの遺伝の研究。
四五	51		ドイツ、降伏。
四六	52	ソ連科学アカデミーの正会員となる。バッハ生化学研究所の所長となる（～八〇）。	
四八	54	ソ連科学アカデミー生物科学部長となる。ソ連科学アカデミー幹部会員となる（～五五）。	ルイセンコ、メンデル・モーガン遺伝学排除の演説。カルヴィン、光合成暗反応の回路発見。

一九四九	55	ソヴィエト平和擁護委員会の委員となる（〜七四）。ルーマニア・アメリカ・ドイツ民主共和国（東ドイツ）を訪問。	ソ連・東欧5か国、経済相互援助会議（コメコン）設立。ソ連、原爆実験。
五〇	56	世界平和会議（ジョリオ‐キュリー会長）の会員となる（〜五九）。フィンランドを訪問。	朝鮮戦争おこる（〜五三）。
五一	57	中華人民共和国・ポーランド・東ドイツを訪問。	ユーリー、太陽系の起原に関する宇宙塵説。バナール『生命の物理学的基礎』（邦訳一九五二）
五二	58	第二回国際生化学コングレス（パリ）に出席。	
五三	59	レーニン勲章を授与される。普及版『生命の起原』刊行（邦訳は一九五五）。ハンガリー・東ドイツを訪問。	スターリン死去。フルシチョフ、党第一書記となる。ユーリー、ミラー、始原大気のアミノ酸合成の実験行う。ワトソンとクリック、DNAの二重らせん構造モデルの提唱。
五四	60	オーストリア・スウェーデンを訪問。	ソ連、水爆実験成功を発表。エレンブルク『雪どけ』
五五	61	日本生化学会三〇周年記念会に招待され、日本各地で講演を行う。	

一九五六	62	世界科学労働者連盟執行会議の副会長となる(〜六六)。レーニン賞についての委員会の委員となる(〜六〇)。	フルシチョフ、スターリン批判。ハンガリー動乱。
五七	63	ニーナ＝ペトロヴナと結婚。『地球上の生命の発生』第三版刊行(四一年版を大きく改訂。邦訳は五八)。生命の起原国際シンポジウム、モスクワで開催され、議長を務める。	ソ連、世界初の人工衛星スプートニクの打ち上げ。
五八	64	フィンランド・イタリア・フランスを訪問。国際酵素化学シンポジウムで日本訪問。	パステルナーク、『ドクトル＝ジバゴ』でのノーベル賞を辞退。
五九	65		キューバ革命。
六〇	66	『生命、その本質、起原、発展』刊行(邦訳は六二)。	
六一	67	第五回国際生化学会議、モスクワで開催され、議長を務める。	ガガーリン、ヴォストーク一号で地球一周。ベルリンの壁の建設始まる。
六二	68		ランダウ、液体ヘリウムの研究でノーベル賞受賞。ソルジェニーツィン『イワン＝デニソヴィチの一日』
六三	69	フロリダで開催された第二回生命の起原国際会議に出	

		席のため、アメリカ訪問。	
一九六四	70	レーニン勲章を授与される。 第六回国際生化学会議に出席のため、アメリカ訪問。	フルシチョフ解任され、ブレジネフ第一書記、コスイギン首相となる。
六五	71		ショーロホフ、ノーベル賞受賞。 アメリカ、ヴェトナム北爆開始。
六六	72	学術書『生命の生成と初期の発展』刊行（邦訳は六九）。	ブルガーコフ『巨匠とマルガリータ』
六七	73	バナールの招待でイギリス訪問。 第七回国際生化学会議に出席のため、日本訪問。	
六八	74		チェコ事件。
六九	75	社会主義労働英雄の称号を受ける。	
七〇	76	第三回生命の起原国際会議出席のため、フランス訪問。 生命の起原国際学会（ＩＳＳＯＬ）設立され、会長となる（～七七）。	ソルジェニーツィン、ノーベル賞受賞。 サハロフら、人権擁護委員会を結成。 モノー『偶然と必然』
七三	79	第四回生命の起原国際会議出席のため、スペイン訪問。	
七四	80	レーニン勲章を授与される。	ソルジェニーツィン、国外追放。
七五	81		サハロフ、ノーベル平和賞受賞。
七六	82	ユネスコよりカリンガ賞を贈られる。	

一九七七	83	イランを訪問。『物質▼生命▼理性』刊行（邦訳は七九）。生命の起原国際学会（ＩＳＳＯＬ）名誉会長に選ばれる。	ロストロポーヴィチ夫妻、市民権剝奪。カピッツァ、ノーベル賞受賞。
七八	84	兄ドミトリー、死去。	
七九	85	メキシコを訪問。	スリーマイル島原発事故。ソ連軍、アフガニスタン侵攻。
八〇	86	4・21、死去。ノヴォジェーヴィチ修道院の墓地に埋葬される。	サハロフ、ゴーリキー市に追放。モスクワ・オリンピック。
八一		妻ニーナ＝ペトロヴナ、死去。	
八五			ゴルバチョフ、書記長に就任。
八六			チェルノブィリ原発事故。
八九			ベルリンの壁撤去。
九〇			ドイツ統一。
九一			バルト三国独立。ソ連邦解体。
九五		生誕一〇〇年記念の出版物（英文）、モスクワで刊行。	

参考文献

●主要著作等の邦訳

『生命の起原』 山田坂仁訳――慶応書房 一九四一（岩崎書店 一九五三）

生命の起原についての本格的な著作として世界初のもので、古典的価値がある。

『地球上の生命の起原』 石本真訳――岩波書店 一九五八

『生命の起原――生命の生成と初期の発展』 石本真訳――岩波書店 一九六九

以上三点は、学術書の形を採る一連のもので、オパーリンの最も基本的な著作である。

『生命――その本質、起原、発展』 石本真訳――岩波書店 一九六二

『物質▼生命▼理性』 石本真訳――岩波書店 一九七九

この二点は、学術書の系列のものよりは広い読者に向けたものであるが、オパーリンの学説の主要な形、思想の基本を知るために有用である。

『生物界の弁証法』（プラトーノフらとの共著） 高橋清・河辺広男・亀井健三訳――新科学文献刊行会 一九六三

オパーリンの著した部分は第一章「生命・物質の異なった運動形態と生命との関係」。

『生命の起原』 東大ソヴェト医学研究会訳――岩崎書店 一九五五

大衆向けに刊行されたもので、ルィセンコ主義など、政治的な配慮のみえるものである。

『オパーリン教授講演録 現代自然科学の成果から見た生命の起源』――日本生化学会 一九五五

『宇宙と生命』（フェセンコフとの共著）　金光不二夫訳　理論社　一九六三
『生命の起原』（オパーリン、バナール、ホールデンほか）　近藤洋一・亀山忠典編　みすず書房　一九五七

●オパーリンに関する日本語の文献

『生命の起原と生化学』　オパーリン著、江上不二夫編　岩波書店　一九五六
一九五五年来日した際の各地での講演記録に、オパーリンの小伝・プロフィールを付したもの。
『「生命の起原」とロシア・ソ連――ヴォルガ川・オカ川・モスクワ川の風景』　江上生子　れんが書房新社　一九九九
オパーリンの年譜、初期の研究論文題目、自叙などの翻訳資料を含む。
『生物学を創った人々』　中村禎里　みすず書房　二〇〇〇
第七章「二〇世紀の生物学」の中に、モーガンほか三人の生物学者とともに、オパーリンが取り上げられている。

●生命の起原に関する参考文献

『生命の起原――その物理学的基礎』　バナール著、山口清三郎・鎮目恭夫訳　岩波書店　一九五二
『進化と生命の起原』（現代生物学講座8）　田宮博ほか編　共立出版　一九五八
『生命の起源』　野田春彦　日本放送出版協会　一九六六
『化学進化――宇宙における生命の起原への分子進化』　カルヴィン著、江上不二夫ほか訳　東京化学同人　一九七〇
『生命の起源――化学進化からのアプローチ』　原田馨　東京大学出版会　一九七七
『生命の起原への挑戦――謎はどこまで解けたか』　オパーリン、ポナムペルマ、今堀宏三　講談社　一九七七

オパーリンに関しては前項に属するものといえる。

『生命の誕生　先カンブリア時代　カンブリア紀』　秋山雅彦　――　共立出版　一九八四
『生命の起源を解く七つの鍵』　ケアンズ＝スミス著　石川統訳　――　岩波書店　一九八七
『生命の起源　科学と非科学のあいだ』　ロバート・シャピロ著　長野敬・菊池韶彦訳　朝日新聞社　一九八八
『RNAワールド　生命の起源を解く鍵』　柳川弘志・吉田弘幸　――　海鳴社　一九八八
『生命の起原論争』　長野敬　――　講談社　一九八四
『生命は熱水から始まった』　大島泰郎　――　東京化学同人　一九九五
『生命の本質と起源』　清水幹夫　――　共立出版　一九九六

現代的な自然科学の課題としての生命の起原については、本書の性格上、これ以降のものは省略する。

●ロシア・ソ連の文化や科学などについて

『ソビエト科学と自由』　ジョレス・A・メドヴェジェフ著　金光不二夫訳　――タイムライフインターナショナル　一九七二
『パヴロフの生涯　生命の神秘を求めて』　N・A・スッヂツキー著　川村浩訳　――　新時代社　一九七三
『科学・人間・組織』　カピッツァ著　金光不二夫訳　――　みすず書房　一九七四
『フルシチョフ権力の時代』　ロイ・A・メドベージェフ著　下斗米伸夫訳　――　御茶ノ水書房　一九八〇
『ソ連における科学と政治』　Z・メドヴェジェフ著　熊井譲治訳　――　みすず書房　一九八〇
『ロシア・アヴァンギャルド　未完の芸術革命』　水野忠夫　――　PARCO出版局　一九八五
『文化のエコロジー――ロシア文化論ノート』　リハチョーフ著　長縄光男訳　――　群像社　一九八八
『ペテルブルク浮上　ロシアの都市と文学』　海野弘　――　新曜社　一九八八
『サハロフ回想録』（上・下）　アンドレイ・サハロフ著　金光不二夫・木村晃三訳　――　読売新聞社　一九九〇
『人の生と死――メチニコフの人性論』　メチニコフ著　八杉龍一訳　――　新水社　一九九一

『ロシアの自然誌　森の詩人の生物気候学』　ミハイル・プリーシヴィン著　太田正一訳 ―― パピルス　一九九一
『ズーブル　偉大な生物学者の伝説』　グラーニン著　佐藤祥子訳 ―― 群像社　一九九二
『ロシアの博物学者たち』　ダニエル・P・トーデス著　垂水雄二訳 ―― 工作舎　一九九二
『ヴァヴィロフの資源植物探索紀行』　N・I・ヴァヴィロフ著　菊池一徳訳、木原記念横浜生命科学振興財団監訳 ―― 八坂書房　一九九二
『終末と革命のロシア・ルネサンス』　亀山郁夫 ―― 岩波書店　一九九三
『ロシアの神話』　フェリックス・ギラン著　小海永二訳 ―― 青土社　一九九三
『チェルノブイリ極秘――隠された事故報告』　アラ・ヤロシンスカヤ著　和田あき子訳 ―― 平凡社　一九九四
『ロシア』　原卓也監修 ―― 新潮社　一九九四
『チェーホフの風景』　ペーター・ウルバン編　谷川道子訳 ―― 文藝春秋　一九九五
『原発事故を問う』　七沢潔 ―― 岩波書店　一九九六
『驚くべきショスタコーヴィチ』　ソフィア・ヘーントワ著　亀山郁夫訳 ―― 筑摩書房　一九九七
『パステルナーク』(人と思想)　前木祥子 ―― 清水書院　一九九八
『ロシア　その民族とこころ』　川端香男里 ―― 講談社　一九九八
『レーニンをミイラにした男』　イリヤ・ズバルスキー、サミュエル・ハッチンソン著　赤根洋子訳 ―― 文藝春秋　二〇〇〇
『磔のロシア　スターリンと芸術家たち』　亀山郁夫 ―― 岩波書店　二〇〇二
『冷戦と科学技術、旧ソ連邦1945～1955年』　市川浩 ―― ミネルヴァ書房　二〇〇七

●その他の和書

『現代2　科学・技術と現代』（岩波講座）　坂田昌一ほか ——岩波書店　一九六三

『ルイセンコ論争』　中村禎里 ——みすず書房　一九六七

『F・ジョリオ＝キュリー　科学と平和の擁護者』　ピエール・ビカール著　湯浅年子訳 ——河出書房新社　一九七〇

●欧文の主な研究書

The Origin of Life, J. D. Bernal, London, 1967

Science and Philosophy in the Soviet Union, Loren R. Graham, New York, 1972

The Spontaneous Generation Controversy from Descartes to Oparin, John Farley, Baltimore and London, 1977

Studies in the History of Ideas on the Origin of Life from 1860, Harmke Kaminga, Boston, 1980

Science in Russia and the Soviet Union, a short history, Loren R. Graham, Cambridge, 1993

Evolutionary Biochemistry and Related Areas of Physicochemical Biology, Dedicated to the memory of Academician A. I. Oparin, B. F. Poglazov, B. I. Kurganov, M. S. Kritsky and K. L. Gladilin (ed), Moscow, 1995

●ロシア語の文献（邦訳なし）

『アレクサンドル＝イヴァノヴィチ＝オパーリン』　ソ連科学アカデミー編 ——モスクワ、ナウカ　一九七九

オパーリンの業績や年譜など、学術的な資料集。

『ドミトリー＝アナトリエヴィチ＝サビーニン』　ゲンケリ　ソ連科学アカデミー ——モスクワ、ナウカ　一九八〇

『真理への道』　ミハイロフ――モスクワ、ソヴェツカヤ‐ロシア　一九八四
　オパーリンの伝記的読みもので、青少年向き。
『K・A・チミリャーゼフ』　ランダウ‐トィルキーナ――モスクワ、プロスヴェシシェーニエ　一九八五
『A・N・バッハ』　チュプリナ、クリヴォボーコヴァ共著――モスクワ、プロスヴェシシェーニエ　一九八六
『N・I・ヴァヴィロフ　文書・写真』――サンクトペテルブルク、ナウカ　一九九五

オパーリン自身による著作については、邦訳のあるもののみをここに掲げた。年譜の中に訳した標題は、ロシア語に基づいた訳であるため、邦訳書の題名と多少異なるものがある。

また、『生命の起原』（一九二四）はJ・D・バナール（一九六七）の付録として英訳が載せられているが、本書中の引用はロシア語からの拙訳である。

さくいん

【人　名】

【事　項】

オパーリン■人と思想183　定価はカバーに表示

2008年３月10日　第１刷発行©
2016年９月25日　新装版第１刷発行©

・著　者 ……………………………… 江上《えがみ》　生子《ふゆこ》
・発行者 ……………………………… 渡部　哲治
・印刷所 ……………………………… 広研印刷株式会社
・発行所 ……………………………… 株式会社　清水書院

〒102-0072　東京都千代田区飯田橋3-11-6
Tel・03(5213)7151～7
振替口座・00130-3-5283
http://www.shimizushoin.co.jp

検印省略
落丁本・乱丁本はおとりかえします。

Century Books　Printed in Japan
ISBN978-4-389-42183-0

CenturyBooks

清水書院の〝センチュリーブックス〟発刊のことば

近年の科学技術の発達は、まことに目覚ましいものがあります。月世界への旅行も、近い将来のこととして、夢ではなくなりました。しかし、一方、人間性は疎外され、文化も、商品化されようとしていることも、否定できません。

いま、人間性の回復をはかり、先人の遺した偉大な文化を継承して、高貴な精神の城を守り、明日への創造に資することは、今世紀に生きる私たちの、重大な責務であると信じます。

私たちがここに、「センチュリーブックス」を刊行いたしますのは、人間形成期にある学生・生徒の諸君、職場にある若い世代に精神の糧を提供し、この責任の一端を果たしたいためであります。

ここに読者諸氏の豊かな人間性を讃えつつご愛読を願います。

一九六七年

SHIMIZU SHOIN

【人と思想】 既刊本

老子　高橋進
孔子　内野熊一郎他
ソクラテス　中野幸次
釈迦　副島正光
プラトン　中野幸次
アリストテレス　堀田彰
イエス　八木誠一
親鸞　古田武彦
ルター　小牧治・泉谷周三郎
カルヴァン　渡辺信夫
デカルト　伊藤勝彦
パスカル　小松摂郎
ロック　浜林正夫他
ルソー　中里良二
カント　小牧治
ベンサム　山田英世
ヘーゲル　澤田章
J・S・ミル　菊川忠夫
キルケゴール　工藤綏夫
マルクス　小牧治
福沢諭吉　鹿野政直
ニーチェ　工藤綏夫

J・デューイ　山田英世
フロイト　鈴村金彌
内村鑑三　関根正雄
ロマン=ロラン　村上嘉隆・村上益子
孫文　横山英・中山義弘
ガンジー　坂本徳松
レーニン　中野徹三・高岡健次郎
ラッセル　金子光男
シュバイツァー　泉谷周三郎
ネルー　中村平治
毛沢東　宇野重昭
サルトル　村上嘉隆
ハイデッガー　新井恵雄
ヤスパース　宇都宮芳明
孟子　加賀栄治
荘子　鈴木修次
アウグスティヌス　宮谷宣史
トーマス・マン　村田經和
シラー　内藤克彦
道元　山折哲雄
ベーコン　石井栄一
マザーテレサ　和田町子
中江藤樹　渡部武
ブルトマン　笠井恵二

本居宣長　本山幸彦
佐久間象山　奈良本辰也・左方郁子
ホッブズ　田中浩
田中正造　布川清司
幸徳秋水　絲屋寿雄
スタンダール　鈴木昭一郎
和辻哲郎　小牧治
マキアヴェリ　西村貞二
河上肇　山田洸
アルチュセール　今村仁司
杜甫　鈴木修次
スピノザ　工藤喜作
ユング　林道義
フロム　安田一郎
マイネッケ　西村貞二
エラスムス　斎藤美洲
パウロ　八木誠一
ブレヒト　岩淵達治
ダンテ　野上素一
ダーウィン　江上生子
ゲーテ　星野慎一
ヴィクトル=ユゴー　辻昶・丸岡高弘
トインビー　吉沢五郎
フォイエルバッハ　宇都宮芳明

平塚らいてう	小林登美枝
フッサール	加藤精司
ゾラ	尾崎和郎
ボーヴォワール	村上益子
カール=バルト	大島末男
ウィトゲンシュタイン	岡田雅勝
ショーペンハウアー	遠山義孝
マックス=ヴェーバー	住谷一彦他
D・H・ロレンス	倉持三郎
ヒューム	泉谷周三郎
シェイクスピア	福田陸太郎 菊川倫子
ドストエフスキイ	井桁貞義
エピクロスとストア	堀田彰
アダム=スミス	浜林正夫 鈴木亮
ポパー	川村仁也
フンボルト	西村貞二
白楽天	花房英樹
ベンヤミン	村上隆夫
ヘッセ	井手賁夫
フィヒテ	福吉勝男
大杉栄	高野澄
ボンヘッファー	村上伸
ケインズ	浅野栄一
エドガー=A=ポー	佐渡谷重信
ウェスレー	野呂芳男
レヴィ=ストロース	吉田禎吾他
ブルクハルト	西村貞二
ハイゼンベルク	小出昭一郎
ヴァレリー	山田直
プランク	高田誠二
ラヴォアジエ	中川鶴太郎
T・S・エリオット	徳永暢三
シュトルム	宮内芳明
マーティン=L=キング	梶原寿
ペスタロッチ	長尾十三二 福田弘
玄奘	三友量順
ヴェーユ	冨原眞弓
ホルクハイマー	小牧治
サン=テグジュペリ	稲垣直樹
西光万吉	師岡佑行
ヴァイツゼッカー	加藤常昭
メルロ=ポンティ	村上隆夫
オリゲネス	小高毅
トマス=アクィナス	稲垣良典
ファラデーとマクスウェル	後藤憲一
津田梅子	古木宜志子
シュニツラー	岩淵達治
タゴール	丹羽京子
カステリョ	出村彰
ヴェルレーヌ	野内良三
コルベ	川下勝
ドゥルーズ	鈴木亨
「白バラ」	関楠生
リジュのテレーズ	菊地多嘉子
リッター	西村貞二
プルースト	石木隆治
ブロンテ姉妹	青山誠子
ツェラーン	森治
ムッソリーニ	木村裕主
モーパッサン	村松定史
大乗仏教の思想	副島正光
解放の神学	梶原寿
ミルトン	新井明
ティリッヒ	大島末男
神谷美恵子	江尻美穂子
レイチェル=カーソン	太田哲男
オルテガ	渡辺修
アレクサンドル=デュマ	辻昶 稲垣直樹
西行	渡部治
ジョルジュ=サンド	坂本千代
マリア	吉山登